ESPIRITISMO &
DESENVOLVIMENTO
SUSTENTÁVEL

Caminhos para a sustentabilidade

CARLOS ORLANDO VILLARRAGA

ESPIRITISMO & DESENVOLVIMENTO SUSTENTÁVEL

Caminhos para a sustentabilidade

Copyright © 2012 *by*
FEDERAÇÃO ESPÍRITA BRASILEIRA – FEB

1ª edição – Impressão pequenas tiragens – 8/2025

ISBN 978-85-7328-790-5

Todos os direitos reservados. Nenhuma parte desta publicação pode ser reproduzida, armazenada ou transmitida, total ou parcialmente, por quaisquer métodos ou processos, sem autorização do detentor do *copyright*.

FEDERAÇÃO ESPÍRITA BRASILEIRA – FEB
SGAN 603 – Conjunto F – Avenida L2 Norte
70830-106 – Brasília (DF) – Brasil
www.febeditora.com.br
editorial@febnet.org.br
+55 61 2101 6161

Pedidos de livros à FEB
Comercial
Tel.: (61) 2101 6161 – comercial@febnet.org.br

Adquirindo esta obra, você está colaborando com as ações de assistência e promoção social da FEB e com o Movimento Espírita na divulgação do Evangelho de Jesus à luz do Espiritismo.

Dados Internacionais de Catalogação na Publicação (CIP)
(Federação Espírita Brasileira – Biblioteca de Obras Raras)

V722e   Villarraga Benavides, Carlos Orlando, 1959–

          Espiritismo e desenvolvimento sustentável: caminhos para a sustentabilidade/ Carlos Orlando Villarraga Benavides. – 1. ed. – Impressão pequenas tiragens – Brasília: FEB, 2025.

          148 p.; 21 cm

          Inclui referências

          ISBN 978-85-7328-790-5

          1. Espiritismo. 2. Ecologia. 3. Desenvolvimento sustentável. I. Federação Espírita Brasileira. II. Título.

                                                  CDD 133.93
                                                  CDU 133.7
                                                  CDE 60.06.00

Para Natasha, Orlandito e Tatiana.

Sumário

Agradecimentos 9
   Apresentação 11
Introdução 15
1 Modelo atual de desenvolvimento 23
2 Estado atual do planeta Terra 31
   2.1 Indicadores sociais 32
   2.2 Indicadores ambientais 36
3 Modelo de desenvolvimento sustentável 43
   3.1 Necessidades 44
   3.2 Compromisso com as próximas gerações 59
4 Consumo e consumismo 65
5 As religiões e o desenvolvimento sustentável 79
   5.1 Organizações 79
   5.2 Fortalezas 81
      5.2.1 Significado 81
      5.2.2 Capital moral 82
      5.2.3 O número de seguidores 82
      5.2.4 Recursos financeiros e físicos 83
      5.2.5 Capital social 84

6 Sustentabilidade 87
   6.1 Princípios de sustentabilidade 88
      6.1.1 Redes 88
      6.1.2 Interdependência 89
      6.1.3 Diversidade 90
      6.1.4 Ciclos 90
      6.1.5 Fluxos 91
   6.2 Para uma sociedade sustentável 92
   6.3 Para um futuro sustentável 95
      6.3.1 Instrução 95
      6.3.2 Educação moral 96
      6.3.3 Ação 97
7 Contribuição espírita para o desenvolvimento sustentável 105
   7.1 Visão 106
   7.2 Leis morais 107
   7.3 Bem-estar 111
   7.4 Inteligência ecológica e livre-arbítrio 117
   7.5 Áreas de contribuição 120
      7.5.1 Educação e mudança de comportamento .. 120
      7.5.2 Princípios de sustentabilidade na Doutrina Espírita 125
      7.5.3 Infraestrutura 126
      7.5.4 Ativismo social 127
8 Conclusões 133
Referências 137

AGRADECIMENTOS

Aos organizadores do VII Simpósio Brasileiro do Pensamento Espírita, realizado em Cajamar-SP em outubro de 2001, pela oportunidade de apresentar pela primeira vez estas ideias para a discussão no meio espírita.

À Soraya Moreira Guedes, pelos comentários, sugestões e pela gentileza de dedicar seu tempo para fazer as minuciosas e detalhadas revisões do texto que contribuíram enormemente para a fluidez e compreensão da leitura.

Ao André Trigueiro, pelo exemplo de trabalho profissional voltado à difusão, nas diferentes mídias, dos princípios de sustentabilidade e pelo impacto que seu trabalho produz na sociedade brasileira; e também pelas suas palavras de apoio e de estímulo à minha pesquisa sobre as relações entre Espiritismo, Ecologia e desenvolvimento sustentável e, finalmente, pela sua gentileza em aceitar fazer o prefácio desta obra.

Ao meu estimado amigo Ivan Alonso, pelos comentários feitos ao texto e pelo seu exemplo, para mim, de estudo e análise crítica e objetiva dos fundamentos da Doutrina Espírita.

Ao meu amigo e mentor Irineu Marcondes, pelo apoio e estímulo dele recebido nos trabalhos relacionados ao desenvolvimento sustentável na empresa em que trabalhamos juntos por muitos anos.

Ao meu estimado amigo Eduardo Valério, pelo exemplo de estudo e preparação para as palestras espíritas, sendo uma delas, sobre o tema do Natal, que me fez refletir bastante sobre o consumismo e as tradições religiosas.

Ao meu colega e amigo Rodrigo Fargiani, pela detalhada revisão do texto e pelos seus comentários e sugestões.

Aos autores das obras mencionadas na referência bibliográfica pelas suas contribuições para o entendimento, o conhecimento e a aplicação dos princípios de sustentabilidade.

Apresentação

Sucessivas descobertas científicas descortinam um horizonte sombrio para a humanidade, cujos hábitos, comportamentos e padrões de consumo exaurem rapidamente os recursos naturais não renováveis fundamentais à vida. Diferentes linhas de pesquisa e investigação confirmam o risco de um colapso global dos ecossistemas na capacidade que ainda possuem de prover a nossa espécie de água, terra fértil, matéria-prima e energia. Constatamos, perplexos, que a atual crise ambiental sem precedentes na história da humanidade tem a nossa digital, o nosso DNA. Não há dúvida de que somos parte do problema. A questão fundamental defendida neste livro é que precisamos também fazer parte da solução. Depende de nós corrigir o rumo. E temos todas as condições para fazê-lo.

Carlos Orlando Villarraga é pioneiro na abordagem dos assuntos ambientais à luz do Espiritismo. No livro Planeta vida (2004), estabeleceu os parâmetros éticos que deveriam nortear nossas *intervenções físicas no meio natural. Estudioso dos assuntos da sustentabilidade, engenheiro por formação, o autor também compartilha os conhecimentos técnicos necessários que dão suporte a um novo projeto de civilização, mais justo e igualitário.*

Em Espiritismo e desenvolvimento sustentável, *o autor esmiúça conceitos elementares que emprestam sentido à busca de um novo modelo de desenvolvimento em que a sustentabilidade seja o princípio e o fim de todas as políticas públicas, de todos os projetos do setor privado bem como de todas as eventuais intervenções que se façam necessárias no meio natural.*

Com extrema habilidade, Carlos pontua o texto com citações evangélicas ou de obras referenciais para o Espiritismo, reconfigurando o pensamento econômico clássico em termos menos imediatistas, em que somos instigados a perceber o que nos seja realmente necessário, discriminando o supérfluo em nome de um projeto coletivo de civilização.

A "economia espiritual" defendida pelo autor vai ao encontro dos ideais mais nobres de desenvolvimento, em que seja possível erradicar a pobreza e a miséria, com a geração de emprego e renda, sem a destruição sistemática dos recursos naturais. O conceito de "Desenvolvimento Sustentável", em que pese suas diferentes versões e interpretações, encontra nesta obra uma coerente abordagem, repleta de informações relevantes, que encoraja a todos nós na busca de um mundo melhor e mais justo.

Prefácio

É bem-vindo este livro, bem como o inspirado trabalho de seu autor. Chega em boa hora, na forma de nutriente espiritual, fortalecendo nossa coragem para a parte que nos cabe na construção deste mundo de regeneração. Este novo mundo, que será inexoravelmente mais evoluído ética e moralmente, terá seu estado físico e ambiental definido a partir de nosso trabalho, desde já, em favor da sustentabilidade.

ANDRÉ TRIGUEIRO

Jornalista. Editor-chefe do programa
Cidades e Soluções da Globo News

INTRODUÇÃO

Em dezembro de 2002, a Assembleia Geral das Nações Unidas declarou 2005-2014 como a década da Educação para o Desenvolvimento Sustentável. Esse modelo de desenvolvimento apoia-se em três pilares: a preservação do meio ambiente, a prosperidade econômica e a justiça social. Em 2004 abordamos o assunto da conservação do meio ambiente físico e espiritual na obra *Planeta vida*.[1] A questão da justiça social foi analisada em 2011 na obra *A justiça social – uma visão espírita para a ação social*.[2] Como complemento aos dois trabalhos anteriores, decidimos aqui estudar o desenvolvimento sustentável sob o ponto de vista da Doutrina Espírita. Pretendemos, assim, mostrar

---

[1] VILLARRAGA, Carlos. *Planeta vida:* contribuição da doutrina espírita à conservação do meio ambinte físico e espiritual do planeta Terra, p. 9-123.

[2] VILLARRAGA, Carlos. *A justiça social:* uma visão espírita para a ação social, p. 9-98.

a correlação entre o pensamento espírita e os conceitos básicos que permeiam o modelo de desenvolvimento sustentável e a importância desse conhecimento como uma contribuição para a eficácia de sua implementação. A educação para o desenvolvimento sustentável em nosso belo planeta, analisada sob a ótica da Doutrina Espírita, é, portanto, o nosso foco de estudo neste livro.

Logo, esta obra é o resultado de uma reflexão sobre a sustentabilidade do planeta e visa contribuir para a instrução e educação dos espíritas com relação à importância dos princípios da Doutrina Espírita na estruturação de uma visão consciente a respeito dos objetivos sociais e ambientais nesta vida, bem como para o entendimento da relevância das implicações das escolhas desta encarnação sobre as subsequentes no tangente à saúde do planeta e ao bem-estar social e espiritual dos então encarnados.

Em junho de 2012, foi realizada no Rio de Janeiro a Rio+20, Conferência das Nações Unidas sobre Desenvolvimento Sustentável. Por essa razão, procuramos publicar este trabalho o mais perto possível desse evento, com o propósito de enriquecer o debate na sociedade, oferecendo uma nova fonte de estudo sobre o tema *desenvolvimento sustentável*, aqui analisado sob o olhar espírita.

Essa Conferência teve como foco dois temas principais:

a) A economia verde, no contexto do desenvolvimento sustentável e da erradicação da pobreza;

b) A organização institucional para o desenvolvimento sustentável.

O conceito de um modelo de desenvolvimento sustentável tem sua origem conhecida na década de 1980, adquirindo maior importância e conhecimento mais precisamente em 1987, quando colocado na agenda política internacional com a publicação do Informe Brundlandt pela Comissão Mundial sobre Meio Ambiente e Desenvolvimento.

Para iniciarmos nosso estudo, é relevante que tenhamos bem claro o conhecimento básico sobre o modelo de desenvolvimento sustentável e, neste caso, precisamos saber que esse modelo de desenvolvimento é aquele que "atende às necessidades da geração presente, sem comprometer a capacidade das gerações futuras de atenderem às suas próprias necessidades".[3]

Correlacionando esse conhecimento com as bases da Doutrina Espírita, constatamos a total comunhão entre ambos, uma vez que, segundo os ensinamentos espíritas, pela lei da reencarnação, provavelmente, seremos nós mesmos a estarmos aqui reencarnados fazendo parte dessas próximas gerações e, consequentemente, responsáveis por tudo que

---

[3] COMISSÃO MUNDIAL SOBRE MEIO AMBIENTE E DESENVOLVIMENTO. *Nosso futuro comum*, p. 46.

concerne ao nosso planeta, não só neste momento em que estamos encarnados, mas igualmente em futuras gerações. Daí a importância de nosso estudo, principalmente no que diz respeito à implicação desse conhecimento sobre o comprometimento do espírita, em particular na contribuição para a implementação desse modelo de desenvolvimento.

O desenvolvimento sustentável é um modelo de desenvolvimento que sugere uma mudança de visão sobre o crescimento da economia mundial, passando do objetivo exclusivamente econômico (foco na quantidade) para o desenvolvimento sustentável (foco na qualidade social, no meio ambiente e na economia). É um modelo de desenvolvimento que, entre outras medidas, demanda a eliminação da pobreza, a redução nos índices de fecundidade, procura outorgar maior poder de decisão à mulher, promove a geração de empregos e o respeito aos direitos humanos.

Vivemos num mundo com uma preocupação excessiva na gratificação imediata (no presente) e temos perdido nosso senso de responsabilidade com relação às futuras gerações. A sociedade atual valoriza em demasia os índices econômicos em detrimento dos índices sociais e ambientais, que refletem melhor as condições reais da humanidade e do planeta.

O que fazer, então, para conseguirmos inverter essa forma destorcida de valorização? Que atitude nós, espíritas, podemos tomar a fim de conseguirmos êxito nesse sentido? Como podemos nos mobilizar para enfrentar essa questão e adequar nossas ações em benefício de nosso planeta nos moldes do desenvolvimento sustentável?

Antes de tudo, é preciso que estejamos convictos dessa verdade e desses propósitos, porque só assim, por meio do convencimento próprio, é que vamos agir e conseguir influenciar o pensamento do próximo. Ou seja, só vamos alcançar esse objetivo, que é a inversão desses valores, mudando esse paradigma hoje vigente em nossa sociedade por meio da arte do convencimento; primeiramente com a convicção dessa verdade e posteriormente pelas nossas ações.

E como agir nesse sentido? Certamente, num primeiro momento, estudando, informando-nos e aprofundando-nos nesse conhecimento, para que, em seguida, firmemente embasados nessas ideias possamos debatê-las e, só então, estando bem sedimentados desses fundamentos, procurarmos instruir as pessoas com as quais nos relacionamos e que ainda desconhecem esses princípios.

"Amai-vos e instruí-vos", esse é o caminho. Assim sendo, vamos segui-lo, amando nosso planeta, conservando-o, vivendo em harmonia como verdadeiros irmãos, cuidando das outras espécies, cooperando desse modo para o bem maior, para a prosperidade de todos. E instruindo-nos para que a alegação da ignorância dos problemas que envolvem nosso planeta não seja uma desculpa para a falta de ação e sim o contrário, para que a detenção desse conhecimento nos sirva de subsídios a fim de podermos agir com determinação e coragem.

"Orai e vigiai", outra valiosa instrução. Orar sim, e muito, por nossos dirigentes, aqueles que nos governam, para que eles possam tomar as decisões de forma assertiva e comprometida com a sociedade e o meio ambiente. Vigiar também, e intensamente, a administração desses governantes, porque nós os elegemos e, portanto, somos corresponsáveis por seus atos.

Daí a nossa proposta com este livro: estimular a consciência crítica do espírita nas questões ambientais e sociais para que, embasado em argumentos sólidos, possa agir em prol da comunidade terrestre, em sintonia com a Doutrina Espírita e consequentemente com o modelo de desenvolvimento sustentável.

E, nesse sentido, nossa linha de atuação deve abranger três áreas fundamentais: educação, desenvolvimento das instituições e fortalecimento legal.

Portanto, com este trabalho, pretendemos mostrar que, por meio da compreensão e divulgação das leis morais, da lei de causa e efeito e da reencarnação, a Doutrina Espírita pode contribuir para a mudança do paradigma vigente na economia mundial a favor do modelo de desenvolvimento sustentável. Allan Kardec, na 685ª questão de O *livro dos espíritos*, ensina-nos que a educação moral é o elemento não contemplado na ciência econômica. Esse elemento permitirá ao ser humano ter no mundo hábitos de ordem e de previdência com a finalidade de atingir o bem-estar e a segurança de todos neste planeta.

A seguir, relacionamos as habilidades[4] essenciais para a educação em desenvolvimento sustentável:

Visão. Se soubermos para onde vamos, estaremos em melhores condições para definir como chegar lá. A Doutrina Espírita nos esclarece sobre os objetivos de nossa vida neste planeta, para onde vamos e quais são as consequências de nossos atos.

Pensamento crítico e reflexão. Aprender a questionar o nosso sistema atual de crenças e refletir sobre esses assuntos para verificar como colocá-los em prática no dia a dia de nossas vidas. Allan Kardec, com o conceito de fé raciocinada, nos remete a um raciocínio dialético sobre as questões da vida, ensinando-nos a passar pelo crivo da razão, até as mensagens recebidas dos Espíritos antes de aceitá-las como verdades. A reflexão sobre os ensinamentos para a aplicação

---

[4] TILBURY, Daniella; WORTMAN, David. *Engaging people in sustainability*. IUCN. Disponível em: <Wikipedia.org>. Acesso em: 30 jan. 2011.

em nossa vida e o desenvolvimento do pensamento crítico são pontos fundamentais dentro da Doutrina Espírita.

PENSAMENTO SISTÊMICO. O Espiritismo nos ensina que tudo se encadeia na Natureza desde o átomo até o arcanjo. Tudo está inter-relacionado; do ponto de vista físico até o espiritual, ou seja, existe um total inter-relacionamento entre os dois mundos: físico e espiritual.

CONSTRUIR PARCERIAS. Promover o diálogo e aprender a trabalhar em equipe. As leis de sociedade, do trabalho e do progresso, apresentadas n'*O livro dos Espíritos*, nos ensinam a importância do trabalho em parceria para o nosso progresso espiritual.

Portanto, a Doutrina Espírita pode contribuir com o desenvolvimento dessas habilidades, essenciais para a educação no que se refere ao desenvolvimento sustentável.

1
MODELO ATUAL DE DESENVOLVIMENTO

Nos últimos cinquenta anos, a população do planeta aumentou em mais de 100%, passando de três para sete bilhões de pessoas[5]. A população mais que dobrou num período de apenas cinquenta anos! O consumo de madeira, de água potável e de grãos, triplicou. O consumo de carne e de combustíveis quintuplicou na segunda metade do século XX, e o aumento de consumo de papel chegou a sextuplicar. No total, a economia mundial cresceu mais de seis vezes nesse mesmo período.[6]

---

[5] WEINBERG, Mônica; BETTI, Renata. 7 bilhões de oportunidades. *Veja*, São Paulo, ed. 2241, 2 nov. 2011.

[6] BROWN, Lester et al. *Beyond Malthus:* sixteen dimensions of the population problem. Worldwatch Paper 143, p. 9.

Esse aumento acelerado no consumo dos recursos naturais deve-se, principalmente, a dois fatores: o aumento da população e o aumento do poder de compra de alguns setores dessa população. Para satisfazer essa crescente demanda, a economia mundial seguiu um modelo de desenvolvimento linear, como podemos ver na Figura 1:

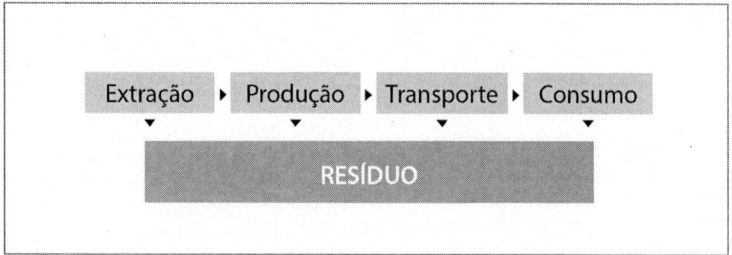

Figura 1 – modelo econômico linear

No modelo econômico atual, continuamente são extraídos recursos naturais para a produção de diferentes bens, que são transportados para o consumo final por todos nós, consumidores. Em todas as etapas desse modelo, estamos gerando resíduos que de alguma maneira retornam à natureza, poluindo o meio ambiente e causando diferentes problemas em nível local e global. As Nações Unidas estimam que anualmente sejam coletados cerca de um a 1,3 bilhão de toneladas de resíduos urbanos no mundo.[7] Todo esse volume de

---

[7] MALONE, Robert. World's Worst Waste. *Forbes*, 24 maio 2006. Disponível em: <http://www.forbes.com/2006/05/23/waste-worlds-worst-cx_rm_0524waste.html>. Acesso em: 18 fev. 2012.

Modelo atual de desenvolvimento

resíduos corresponde somente aos gerados no final da cadeia produtiva. Mais alarmante ainda é que esse enorme volume de lixo urbano gerado representa somente 2,5% do total do lixo mundial.[8] Ou seja, para cada quilo de lixo que geramos em nosso lar, 40 kg de resíduos foram gerados ao longo de toda a cadeia produtiva, desde a mineração, passando pela produção na indústria ou na agropecuária, pelo transporte, até chegar aos lugares de consumo. É um volume *imenso* de desperdício de recursos naturais renováveis e não renováveis. No Brasil, a quantidade de lixo urbano gerado atinge a cifra de 150 mil toneladas por dia, o que equivale a 54,7 milhões de toneladas por ano.[9]

Para evitarmos tanto desperdício, procurando adequar nosso comportamento ao modelo de desenvolvimento sustentável, que tal levantarmos a bandeira preconizada pelos ambientalistas em prol dos três erres — reduzir, reutilizar e reciclar? Assim como: respeito por si mesmo, respeito pelo próximo e responsabilidade por todas as ações! Se quiserm os de fato contribuir para melhorar as condições ambientais no planeta é imprescindível que divulguemos essas ideias e que adotemos essa conduta no nosso dia a dia.

Um dos grandes mitos existentes na economia atual é o do crescimento ilimitado. Acredita-se que o crescimento sempre

---

[8] LEONARD, Annie. *La historia de las cosas*, p. 249.
[9] WALDMAN, Maurício. *Lixo:* cenários e desafios, p. 100.

será possível com o uso de novas tecnologias e extraindo recursos naturais com as infusões de capital econômico.[10] Porém, esse pensamento não leva em consideração que a Terra é um sistema finito, que possui uma capacidade limitada para sustentar uma população determinada. A expansão ilimitada do consumo não pode ser sustentada num planeta finito. O crescimento da economia materialista depende do atendimento da demanda constante e crescente dos consumidores. Muitas vezes, essa demanda é a consequência da criação de necessidades físicas artificiais. Esse aparente crescimento econômico está acontecendo como consequência do consumo do capital natural, com repercussões desastrosas para a natureza, como a mudança do clima, a extinção de diversas espécies, a poluição de muitos ecossistemas e a destruição de inúmeros *habitat*.

Como medimos esse consumo do capital natural? M. Wackernagel e W. Rees, da Universidade de Bristish Columbia, desenvolveram o conceito da pegada ecológica,[11] que é uma medida da área de terras produtivas e da área de água que uma pessoa requer para sustentar o seu consumo e absorver os seus resíduos pelo período de um ano. É contabilizado em hectares. Em 2007, a pegada ecológica global foi 2,7 ha/pessoa.[12] Atualmente cada ser encarnado no planeta

---

[10] HAWKEN, Paul. *The ecology of commerce*, p.32-33.
[11] WACKERNAGEL, Mathis; REES, William. *Our ecological footprint*, p. 9.
[12] WORLD WIDE FUND FOR NATURE. *Living planet report* 2010, p. 34.

Modelo atual de desenvolvimento

Terra tem disponíveis 1,8 ha de terra e água para seu sustento. Essa é a biocapacidade atual do planeta. Portanto, estamos usando um planeta e meio para sustentar todas as atividades humanas. Porém, só temos um planeta! O que isso significa? Estamos usando mais recursos naturais do que a capacidade de renovação da natureza pode oferecer. É como retirar mais dinheiro de uma conta bancária que os juros ganhos nesse período. Isso só é possível até certo limite. É o que está acontecendo com os ecossistemas que nos sustentam.

Estamos com um déficit ecológico que continua aumentando a cada dia. Essa drenagem do capital natural é insustentável. Nós dependemos dos serviços dos ecossistemas para nossa sobrevivência como espécie. Se continuarmos nessa trajetória, enfrentaremos profundas crises sociais, econômicas e ambientais com prováveis conflitos armados pela disputa dos recursos disponíveis.

Esse consumismo continua reforçando o modelo atual, que tem como base o ganho rápido, acentuando cada vez mais a diferença entre os ricos e os pobres, assim como entre os países desenvolvidos e os países em vias de desenvolvimento.

a) Os princípios do paradigma atual que sustentam o sistema econômico moderno são:

b) A Terra é uma fonte inesgotável de recursos;

c) A Terra é um sumidouro sem limites, capaz de assimilar todos os nossos resíduos;

d) O marco de referência no tempo é, como máximo, o tempo de vida de um ser humano e, na área dos negócios, os próximos três meses;

e) A Terra existe para ser conquistada e dominada pelos seres humanos;

f) A tecnologia é onipotente para resolver todos os problemas humanos.[13]

Esses princípios do modelo econômico atual são insustentáveis do ponto de vista da biocapacidade do planeta. Continuar nessa trajetória só piorará ainda mais os indicadores sociais e ambientais que apresentaremos no próximo capítulo.

Ações práticas sugeridas

a) Estimar sua pegada ecológica no site www.wwf.org.br;

b) Reduzir a geração de resíduos.

---

[13] ANDERSON, Ray C. *Mid-course correction*, p. 93.

Modelo atual de desenvolvimento

Questões para a discussão e reflexão

a) O que posso fazer para reduzir a minha pegada ecológica?

b) Podemos resolver com tecnologia todos os problemas ambientais e sociais?

c) Tenho um plano de vida definido para médio e longo prazo?

d) A espécie humana é a mais importante no planeta Terra?

e) Que alterações ocorreram nos meus hábitos de consumo durante os últimos dez anos?

f) Como podemos viver bem, dentro dos limites da biocapacidade da Terra?

2
ESTADO ATUAL DO PLANETA TERRA

O nosso meio ambiente físico e social encontra-se hoje numa condição alarmante. Essa situação é resultado da aplicação sistemática dos princípios, já citados, que sustentam nosso sistema econômico.

Vemos, atualmente, uma grande oscilação no sistema econômico-financeiro mundial, com os indicadores econômicos apresentando ora tendências positivas, ora acentuadas tendências negativas, reflexo dos investimentos, volume de produção, volume de negócios e transações internacionais. O resultado de uma economia instável como essa se traduz nas crises econômicas e sociais que afetam nosso planeta, como a mais recente em 2009, que afetou a economia de quase todos os países do mundo.

Com relação aos principais indicadores ambientais e sociais, esses mostram, infelizmente, em sua maioria, tendências negativas. Vamos apresentar, de maneira geral, alguns desses indicadores que melhor refletem o estado atual do planeta.

2.1 Indicadores sociais

a) *Refugiados*: o número de refugiados no mundo atinge uma cifra de 42 milhões de seres humanos[14] devido a conflitos internos ou conflitos com países vizinhos, ou ainda devido a perseguições políticas ou religiosas;

b) *Conflitos Armados*: atualmente, sessenta países encontram-se em guerra ou enfrentam conflitos armados

---

[14] FONTANINI, Francesca; DURANGO, Andrea. *UNHCR chief visits Ecuador ahead of World Refugee Day*.19 jun. 2009. Disponível em: <http://www.unhcr.org/4fe08d8d6.html> .

internos.[15] Mais de quatro milhões de pessoas já morreram nesses conflitos, em sua maioria civis;

c) *Violência contra as mulheres*: em muitas culturas, as mulheres são desvalorizadas perante os homens. Um estudo de grande escala, realizado em vários países pela Organização Mundial da Saúde (OMS), constatou que 15% a 71% das mulheres entrevistadas reportaram ter sofrido violência física ou sexual, em algum momento de sua vida, por um companheiro íntimo;[16]

d) *Ricos/pobres*: o patrimônio financeiro das três pessoas mais ricas do mundo é de 180 bilhões de dólares,[17] valor esse maior que o PIB somado dos 48 países mais pobres do mundo;

e) *Desnutrição*: pela primeira vez na história da humanidade, o número de pessoas que sofrem de desnutrição (1,2 bilhão) é aproximadamente igual ao número de indivíduos que apresentam problemas de obesidade;[18]

---

[15] Disponível em: <www.warsintheworld.com>.

[16] WORLD HEALTH ORGANIZATION. *Intimate partner and sexual violence against women*. Fact sheet n. 239, nov. 2012.

[17] Disponível em: <www.forbes/billionaires>.

[18] BROWN, Lester et al. *State of the world 2000*. Worldwatch Institute, p. xviii.

f) *População de encarcerados*: mais de nove milhões de pessoas no mundo vivem encarceradas;[19]

g) *Acesso à água*: 25% da população mundial vive em países em desenvolvimento que enfrentam escassez de água devido à falta de infraestrutura para sua extração dos rios e aquíferos;[20]

h) *Suicídios*: segundo dados da OMS,[21] todo ano, um milhão de pessoas suicidam-se. Estimativas revelam que, para cada pessoa que se mata, outras vinte já tentaram o suicídio sem sucesso;

i) *Desemprego*: 209 milhões de pessoas encontravam-se desempregadas em 2010. Dessas, 77 milhões eram jovens entre 15 e 24 anos. Metade da população trabalhadora no mundo, 1,5 bilhão de pessoas, tem empregos vulneráveis e incertos;[22]

j) *Saneamento básico*: 2,4 bilhões de pessoas não têm condições básicas de saneamento, o que multiplica o número de mortes por causas evitáveis;[23]

---

[19] WALMSLEY, Roy. *World prison population list*. International Center for Prison studies.

[20] WORLD HEALTH ORGANIZATION. *10 facts about water scarcity*.

[21] WORLD HEALTH ORGANIZATION. *Suicide prevention*. Disponível em: <http://www.who.int/mental_health/prevention/suicide/suicideprevent/en/>.

[22] ORGANIZACIÓN INTERNACIONAL DEL TRABAJO. *Tendencias mundiales del empleo 2011*. Resumen Ejecutivo, p. 1-2.

[23] Disponível em: <www.pnud.org.br/saneamento>.

k) *Analfabetismo:* 796 milhões de pessoas adultas no mundo não sabem ler nem escrever, sendo que as mulheres representam 64% desse total;[24]

l) *Trabalho infantil:* estima-se que, *no mundo*, 215 milhões de crianças estão sujeitas à exploração do trabalho infantil. Dessas, 115 milhões encontram-se exercendo *as piores* formas de trabalho;[25]

m) *Homicídios:* o número total de homicídios no mundo em 2010 foi de 468 mil, sendo que 36% deles aconteceram na África, 31% nas Américas, 27% na Ásia, 5% na Europa e 1% na Oceania;[26]

n) *Trabalho escravo:* a Organização Internacional do Trabalho (OIT) estima que existam entre 25 a 40 mil brasileiros trabalhando em condições de escravidão em tarefas de desmatamento, de criação de gado e de agricultura.[27] Conforme a estimativa da ONG *Anti-Slavery International*, o número de pessoas em condições de trabalho escravo no mundo é de 12,3 milhões;

---

[24] UNESCO Institute for Statistics. *Adult and youth literacy:* global trends in gender parity.
[25] INTERNATIONAL LABOUR ORGANIZATION. *The Hague Global Child Conference* 2010, p. 4.
[26] UNITED NATIONS OFFICE DRUGS AND CRIME. *Global study on homicide 2011*, p. 11.
[27] BICE, Arthur. *Government fights slave labor in Brazil.* 9 jan, 2009. Disponível em: <http://www.cnn.com/2009/WORLD/americas/01/09/brazil.slavery>.

2.2 Indicadores ambientais

o) *Florestas:* quase 50% da área original da Terra, antes coberta por florestas, já desapareceu devido à exploração da madeira e à utilização das áreas para criação de gado e agricultura;[28]

p) *Atividade pesqueira:* biólogos marinhos acreditam que os oceanos não conseguem mais repor o que deles está sendo tirado devido ao volume de pesca que ocorre atualmente (93 milhões de toneladas/ano). No mundo, 11 das 15 áreas de pescaria encontram-se em fase de declínio devido à exploração excessiva das populações de peixes;[29]

q) *Lençol freático e volume dos rios:* já existem rios, em diferentes lugares do mundo, que não chegam a seu destino final devido ao volume de água utilizado durante uma boa parte de seu curso. Cada dia que passa, faz-se necessária à perfuração de poços mais profundos para extração de água do subsolo;[30]

---

[28] BROWN, Lester et al. *State of the world* 1999. Worldwatch Institute, p. 60.

[29] BROWN, Lester et al. *Beyond Malthus:* sixteen dimensions of the population problem. Worldwatch Paper 143, p. 25.

[30] Id. Ibid., p. 16.

r) *Tráfico de animais silvestres:* é considerado o terceiro maior comércio ilegal do mundo, estando atrás somente do tráfico de drogas e do tráfico de armas. Um negócio que movimenta cerca de US$ 10 bilhões por ano.[31] O Brasil é responsável por 10% desse mercado mundial. Estima-se que cerca de 38 milhões de animais sejam retirados de seu *habitat* nos países tropicais pobres para serem vendidos ilegalmente nos países do primeiro mundo;

s) *Biodiversidade:* um estudo elaborado pelo professor Edward Wilson, da Universidade de Harvard, estima que a cada ano ocorra a extinção de 27 mil espécies do planeta Terra. Isso significa 74 espécies por DIA;[32]

t) *Temperatura:* a década de 2000 a 2010 foi a mais quente desde que se tem registro, sendo 2010 o ano mais quente;[33]

u) *Erosão do solo:* os estudiosos estimam que anualmente 10.000.000 de hectares tornam-se

---

[31] INSTITUTO BRASILEIRO DE GEOGRAFIA E ESTATÍSTICA. *Indicadores de desenvolvimento sustentável Brasil 2004*, p. 117.

[32] WILSON, Edward. *The diversity of life*, p. 280

[33] Disponível em: <www.noaanews.noaa.gov>.

inutilizáveis para a agricultura devido à erosão do solo;[34]

v) *Índice pluviométrico:* o ano de 2010 foi o mais chuvoso desde que se tem registro;[35]

w) *Serviços ambientais dos ecossistemas:* 15 dos 24 serviços ambientais dos ecossistemas, considerados cruciais para a sobrevivência da espécie humana, encontram-se em um estágio acelerado de degradação;[36]

x) *Manguezais:* 35% da área total dos manguezais do mundo foi destruída durante as últimas décadas do século XX;[37]

Nosso modelo econômico está avassalando os sistemas naturais da Terra. O crescimento ilimitado é a ideologia da célula cancerosa. Da mesma maneira que um câncer em expansão destrói seu anfitrião, o contínuo crescimento da economia está destruindo os ecossistemas do planeta Terra. Vivemos a vida e fazemos uso dos recursos naturais como se essa vida fosse única sem nos preocuparmos com as consequências

---

[34] POSTEL, Sandra. *Pillar of sand. Can the irrigation miracle last?*, p. 9

[35] Disponível em: <www.noaanews.noaa.gov>

[36] MILLENIUM ECOSYSTEM ASSESSMENT, 2005. Synthesis, p. 15.

[37] MILLENIUM ECOSYSTEM ASSESSMENT, 2005. Synthesis, p. 16.

dessa conduta sobre as próximas gerações. "Que importam a melhora e a felicidade das gerações futuras àquele que acredita que tudo se acaba com a morte?".[38]

Allan Kardec nos ensina que a Natureza não pode ser responsável pelos defeitos da organização social, nem pelas consequências da ambição e do amor-próprio.[39] A grande maioria dos problemas que afrontamos no nível social e do meio ambiente é fruto de nossas decisões que, com frequência, são tomadas considerando-se somente o benefício pessoal material e imediato. "Na raiz de toda poluição, de toda destruição da vida, está aquela de natureza moral, que responde pela avareza que predomina na criatura humana".[40]

A economia é um subsistema dentro do sistema da sociedade. Portanto, a economia atual poderia deixar de existir e ainda assim a sociedade iria subsistir. Por sua vez a sociedade é um subsistema do sistema da Natureza. Nós, da espécie humana, que conformamos a sociedade, poderíamos desaparecer da Terra e o planeta continuaria sua evolução. Por sua vez, a Natureza é um subsistema do que se considera o mundo espiritual (ver Figura 2).

---

[38] KARDEC, Allan. *Obras póstumas*. Preâmbulo, p. 494.
[39] KARDEC, Allan. *O livro dos espíritos*, q. 707.
[40] FRANCO, Divaldo P. *Atualidade do pensamento espírita*, p. 63.

Esta visão dos sistemas nos proporciona uma ideia da magnitude e da importância relativa que devemos dar à economia:

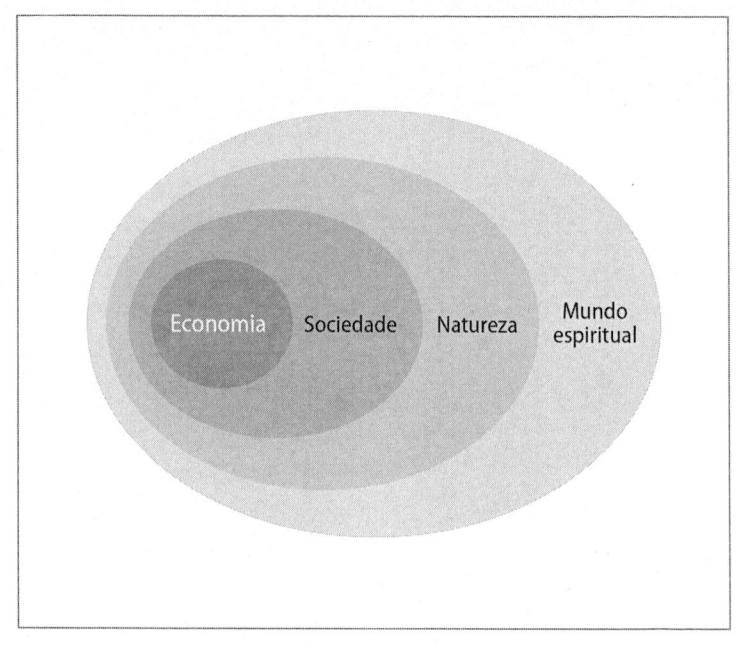

Figura 2 - Sistemas

Ações práticas sugeridas

a) Conhecer os indicadores sociais da sua cidade, estado e país;

b) Conhecer os indicadores ambientais da sua cidade, estado e país;

Questões para a discussão e reflexão

a) O que posso fazer para melhorar os indicadores sociais no meu país?

b) O que posso fazer para melhorar os indicadores ambientais no meu país?

c) Qual é a minha visão sobre a relação entre economia, natureza e sociedade?

d) O porquê e o que fazer com a escassez de água no mundo?

e) Podemos culpar a natureza pela escassez de água em diversos lugares do mundo?

f) Como minhas atividades estão contribuindo para o aquecimento global?

3
MODELO DE DESENVOLVIMENTO SUSTENTÁVEL

Como já mencionado, o Informe da Comissão Mundial sobre Meio Ambiente e Desenvolvimento publicado em 1987, mais conhecido como o Informe Brundtland, definiu o conceito do desenvolvimento sustentável como aquele que atende às necessidades da presente geração sem comprometer a capacidade das gerações futuras de atenderem suas próprias necessidades.[41]

Do ponto de vista da Doutrina Espírita, esta definição tem dois elementos muito importantes: o primeiro está relacionado com as necessidades atuais da humanidade e o segundo com o

---

[41] COMISSÃO MUNDIAL SOBRE MEIO AMBIENTE E DESENVOLVIMENTO. *Nosso futuro comum*, p. 46.

compromisso e a responsabilidade entre diferentes gerações que habitam o planeta Terra ao longo de seu processo evolutivo.

3. 1 Necessidades

Segundo Allan Kardec, ao Espírito "nas primeiras fases da sua existência corpórea, só lhe cumpre satisfazer às exigências materiais",[42] como a alimentação e a reprodução para a conservação da espécie. Porém, na medida em que ocorre sua evolução nas distintas encarnações, "outras necessidades se lhe apresentam, a princípio semimorais e semimateriais, depois exclusivamente morais".[43] Assim, pela lei do progresso, vamos aprendendo a dar mais importância à satisfação das necessidades morais sem, contudo, nos descuidarmos da satisfação das necessidades materiais, pois estamos encarnados e o nosso corpo físico precisa de cuidados. "A necessidade, pois, o constrange a melhorar-se moralmente, para ser mais feliz, do mesmo modo que o constrangeu a melhorar as condições materiais da sua existência".[44] Ou seja, na busca pela satisfação das necessidades é que vamos atingindo os objetivos da reencarnação que consistem em evoluirmos e sermos felizes junto aos outros

---

[42] KARDEC, Allan. *A gênese*, cap. III, it. 10.
[43] Id. Ibid., cap. III, it. 10.
[44] Id. Ibid., Cap. III. Item 4.

Espíritos encarnados. Nesse processo, começamos melhorando as condições físicas externas e prosseguimos com o desenvolvimento das virtudes. "Pouco a pouco a necessidade lhe faz criar as ciências, por meio das quais melhora as condições de habitabilidade do globo e aumenta o seu próprio bem-estar".[45]

No final da década de 1950, o psicólogo humanista Abraham Maslow argumentou que a vida é um presente maravilhoso e que as pessoas podiam ser mais felizes se entendessem que as necessidades humanas se manifestam em forma de uma hierarquia que se inicia pelas necessidades físicas, culminando nas necessidades espirituais.[46]

Segundo a teoria de Maslow, as necessidades humanas podem ser agrupadas em cinco níveis (ver figura 3):

a) *As necessidades fisiológicas* básicas: representam as necessidades instintivas de alimentação e de sobrevivência;

b) *As necessidades de segurança*: representam as necessidades de estabilidade, abrigo, proteção e segurança em diversas áreas da vida como moradia e emprego:

c) *As necessidades sociais*: incluem os sentimentos de pertencer a um grupo, a busca de afeto, de amor e de amizade.

---

[45] KARDEC, Allan. *A gênese*, cap. III, it. 4.
[46] EASTERBROOK, Gregg. *The progress paradox*, p. 219.

d) *As necessidades de estima*: compreendem o desejo de sentir-se importante, de sentir-se reconhecido e valorizado por si mesmo e pelo outro;

e) *As necessidades de autorrealização*: representam a realização das potencialidades individuais e a expressão do crescimento pessoal.

Necessidade de autorrealização
(desenvolvimento pessoal, conquista)

Necessidade de estima
(autoestima, reconhecimento, status)

Necessidades sociais
(relacionamento, amor, fazer parte de um grupo)

Necessidade de segurança
(defesa, proteção, emprego, abrigo)

Necessidades fisiológicas
(fome, sede, sexo, sono etc.)

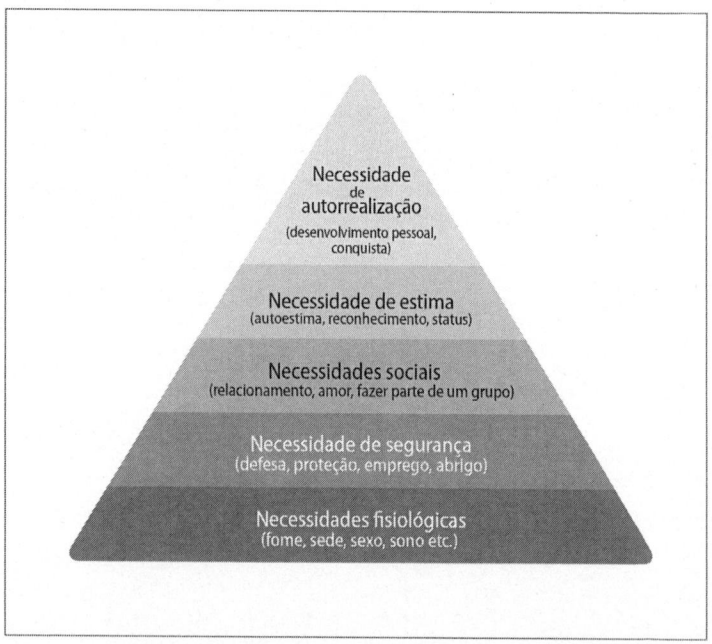

Figura 3 – Pirâmide das necessidades de Maslow

As necessidades são fontes de motivação para a ação. Mas muitas vezes confundimos os desejos com as necessidades e agimos de modo a satisfazer somente os nossos desejos, o

Modelo de desenvolvimento sustentável

que significa que, com essas ações, não estamos atendendo às nossas necessidades primordiais. Isso ocorre, por exemplo, com o consumidor impulsivo, aquele que compra somente para satisfazer momentaneamente o desejo de consumo, ou ainda pior, com o consumidor compulsivo, aquele que sente ansiedade pelo ato de comprar como um vício. Na verdade não existe uma hierarquia das necessidades; isto vai depender das condições em que estivermos encarnados. Vamos atendendo a diversas necessidades ao mesmo tempo, porque elas se inter-relacionam e variam de intensidade de acordo com as condições de nossa existência.

A vida em sociedade requer, indubitavelmente, que procuremos atender às nossas necessidades sociais e também às essenciais à nossa sobrevivência como: proteção, abrigo e trabalho. Na medida em que evoluímos, vamos gerando novas necessidades, com diferentes graus de prioridades, pelas descobertas que fazemos no processo de conhecimento por meio das experiências vivenciadas em diversas áreas, até encontrarmos o que de fato é essencial para nós, que alimenta nosso Espírito, dando maior sentido às nossas vidas. Ou seja, as necessidades que geramos refletem o grau de maturidade que estamos adquirindo nesse processo de evolução intelectual e moral. E, nesse sentido, percebemos que na verdade existe uma linha muito tênue entre a necessidade e o desejo, entre o necessário e o supérfluo e que a percepção desse limite aumenta na medida em que evoluímos intelectual e moralmente. Daí a importância dos grandes mestres em nossa vida, como Jesus e Buda, pela orientação que nos dão nessa busca de nossa essência. E, por essa razão, é relevante meditarmos sobre seus ensinamentos por meio dos grandes estudiosos, como Kardec em relação a Jesus, cuja missão é fazer-nos refletir e compreender o que de fato é significativo para nossa existência, bem como para nossa evolução.

Em 1969, o psicólogo Clayton Alderfer reduziu os cinco níveis da pirâmide de Maslow para apenas três níveis de necessidades:

a) *Necessidades de existência*: referem-se ao bem-estar fisiológico e às exigências materiais necessárias à existência;

b) *Necessidades de relacionamento*: referem-se à satisfação que encontramos com as relações interpessoais e à interação social;

c) *Necessidades de crescimento*: relacionam-se com a interiorização do crescimento continuado e o desenvolvimento pessoal.

Uma das deficiências do modelo de Maslow é não considerar como estão sendo atendidas essas necessidades. O economista chileno Manfred Max-Neef realizou uma análise muito interessante sobre as necessidades humanas. Ele alega que em contraste com os desejos, que são infinitos e essencialmente insaciáveis, as necessidades humanas são poucas, finitas e podem ser classificáveis. Seu trabalho mostra que

> as necessidades humanas fundamentais são as mesmas em todas as culturas e em todos os períodos históricos. O que muda, através do tempo e nas diferentes culturas, é a *forma* em que essas necessidades são atendidas.[47]

As necessidades humanas fundamentais de acordo com o estudo de Max-Neef são:

a) Afeto;

b) Criação;

c) Descanso;

d) Entendimento;

e) Identificação/significado;

f) Liberdade;

g) Participação;

h) Proteção/segurança; e

i) Subsistência.

---

[47] WANN, David. *Simple prosperity*, p. 165.

Portanto, vimos que o novo modelo de desenvolvimento precisa: a) atender às necessidades básicas requeridas para a sobrevivência de todos os seres encarnados; b) criar as condições, motivar e promover as relações entre os diferentes grupos sociais e culturais para atender às necessidades de relacionamento e também criar ambientes que estimulem e permitam a eclosão da criatividade, bem como do desenvolvimento dos seres humanos nas áreas que escolheram ao reencarnar. Mas, neste momento histórico da sociedade terrestre, não estamos nem sequer atendendo às necessidades da presente geração. O que pensar então do atendimento das necessidades da próxima geração?

"Uma das necessidades materiais mais imperiosas é a da alimentação".[48] A desnutrição é responsável pela morte de mais da metade das 12 milhões de crianças menores de cinco anos, a cada ano em nosso planeta.[49] Desencarnam como consequência da falta de alimento básico para sustentar e manter seu corpo físico. "Numa sociedade organizada segundo a Lei do Cristo, ninguém deve morrer de fome".[50] Todos deveriam trabalhar para que ninguém, no século XXI, morresse de fome, pois existem alimentos suficientes para atender às necessidades básicas de todos os encarnados.

---

[48] KARDEC, Allan. *A gênese*, cap. III, it. 24.
[49] FAO. *The spectrum of malnutrition*, p. 2.
[50] KARDEC, Allan. *O livro dos espíritos*, q. 930.

Modelo de desenvolvimento sustentável

Por isso, o trabalho tem que ser feito *agora*, para que todos os Espíritos encarnados nesse planeta possam num futuro próximo usufruir de condições adequadas ao atendimento das suas necessidades básicas.

Um fator que está afetando a qualidade dos serviços da natureza é o fato de tentarmos atender às necessidades humanas com tecnologias, desenhadas com pouca eficiência e, muitas vezes, com matéria prima tóxica para nós mesmos e para o meio ambiente. Portanto, uma sociedade organizada, para atender às nossas necessidades, deve:

a) Melhorar a eficiência no uso dos recursos naturais, reduzindo e eliminando o desperdício;

b) Desenvolver o senso de suficiência, ou seja, usar a quantidade adequada desses recursos.

O grande problema é que não estamos atendendo *bem* às nossas necessidades atuais: tanto as básicas (de alimentação adequada, de água potável e suficiente, de habitação com um mínimo de infraestrutura e rede de esgoto), como às psicológicas e espirituais (do afeto, da autonomia e das conexões sociais).

> Tratar de preencher essas necessidades com coisas materiais é estabelecer um apetite insaciável por falsas soluções aos problemas reais. O vazio psicológico resultante é uma das maiores forças atrás do desejo pelo crescimento material.[51]

---
[51] WANN, David. *Simple prosperity*, p. 162.

O que obtemos quando atendemos deficientemente às nossas necessidades?

> O resultado é o desconforto e a vulnerabilidade. O que nos leva à insatisfação e a disfunções, o que nos impulsa a adquirir mais coisas para tentar encher-nos.[52]

Essa disfuncionalidade no atendimento de nossas necessidades nos leva à manifestação de desejos e à tentativa de satisfazê-los. "Falhas para satisfazer as necessidades humanas resultam em progressivas disfunções humanas, enquanto desejos insatisfeitos conduzem a frustrações".[53] Frustrações que tentamos resolver com aquisições materiais, gerando um círculo vicioso que se retroalimenta permanentemente.

Quando as necessidades intangíveis não são atendidas adequadamente procuramos, como caminho alternativo, supri-las como consumismo de bens materiais, muitas vezes produzidos com tecnologias ineficientes, que contribuem para a destruição do planeta.

Em resumo, podemos dividir as necessidades básicas dos seres humanos em dois grupos:

> a) *As necessidades materiais*: como alimentação, água potável, ar puro, moradia, educação, fontes de trabalho e serviços médicos;

---

[52] WANN, David. *Simple prosperity*, p. 161.
[53] Id. Ibid., p. 164.

b) *As necessidades espirituais*: como a compaixão, afeto, ternura, solidariedade e amor.

Kardec nos ensina que

> o homem é insaciável. Por meio da organização que lhe deu, a natureza lhe traçou o limite das necessidades; porém os vícios lhe alteraram a constituição e lhe criaram necessidades que não são reais.[54]

Os criadores das campanhas publicitárias captam esses vícios e aproveitam-se dos nossos defeitos para reforçar essa debilidade, do ter cada vez mais, levando-nos à compulsão de comprar coisas que realmente não necessitamos, mas que incentivam e supostamente satisfazem nosso orgulho, nossa vaidade e nossas ambições.

> Deus impôs limite à satisfação das necessidades; o homem é advertido pela saciedade; se ultrapassa esse limite, o faz voluntariamente. As doenças, as enfermidades, a morte que daí podem resultar provêm da sua imprevidência, e não de Deus.[55]

Há vários exemplos em nossa vida que ilustram esse limite de satisfação da necessidade ultrapassado, como é o caso

---

[54] KARDEC, Allan. *O livro dos espíritos*. q. 716.

[55] KARDEC, Allan. *A gênese*, cap. III, it. 8.

da obesidade, que vem aumentando em proporções alarmantes em diferentes países do mundo. A obesidade é um fator de risco para inúmeras doenças. As pesquisas indicam que, no Brasil, há 17 milhões de obesos; no mundo, segundo a Organização Mundial da Saúde, 300 milhões sofrem de obesidade.[56] Um estudo feito pelo Ministério da Saúde assinalou um aumento de 10% das mortes provocadas (entre 1996 a 2007) em decorrência da *diabetes mellitus*, doença intimamente associada ao aumento de peso.[57] No entanto, do outro lado do espectro, observamos a fome e a desnutrição como consequência da desigualdade e injustiça social.

Vejamos alguns dados estatísticos:

a) 40% das mulheres de países em desenvolvimento são anêmicas e estão abaixo do peso;

b) A Organização das Nações Unidas para a Agricultura e a Alimentação (FAO) anunciou que no mundo há 1,023 bilhão de famintos, ou seja, um em cada sete encarnados está passando fome.[58]

Kardec, no capítulo da Lei da Conservação, diz que

---

[56] Disponível em: <pt.wikipedia.org/wiki/obesidade>.
[57] CORREIO DO ESTADO. *Obesidade influencia estatística de mortalidade*. 15 dez. 2010.
[58] FAO. *The state of food insecurity in the world 2010*, p. 8.

a Terra produziria sempre o necessário, se com o necessário soubesse o homem contentar-se. Se o que ela produz não lhe basta a todas as necessidades, é que ele emprega no supérfluo o que poderia ser aplicado no necessário.[59]

Como podemos conhecer o limite do necessário? Kardec diz ainda que "aquele que é ponderado o conhece por intuição. Muitos só chegam a conhecê-lo por experiência e à sua própria custa".[60] Por isso, devemos prestar mais atenção à voz da nossa consciência e aos conselhos e pensamentos (em forma de intuição), porque os Espíritos guias estão sempre prontos a nos orientar na tomada de decisão e, neste caso, para nos ajudar a encontrar a melhor alternativa a fim de evitarmos o desperdício dos recursos naturais em coisas supérfluas.

Às questões 711 e 712 de O livro dos espíritos,[61] eles responderam que o uso dos bens da Terra é um direito, consequência da necessidade de viver. O atrativo no gozo dos bens materiais tem duas finalidades: serve para instigar o homem ao cumprimento da sua missão e também para prová-lo por meio da tentação. Essa tentação o ajuda a desenvolver a razão, que deve preservá-lo dos excessos.

---

[59] KARDEC, Allan. O livro dos espíritos, q. 705.
[60] Id. Ibid., 715.
[61] Id. Ibid., q. 711-712.

Que de tormentos se poupa aquele que sabe contentar-se com o que tem, que nota sem inveja o que não possui, que não procura parecer mais do que é [...]. E calmo, porque não cria para si necessidades quiméricas.[62]

O Espírito Emmanuel afirma que "a maior necessidade da criatura humana ainda é a do conhecimento de si mesma".[63] O autoconhecimento é o caminho seguro no que se refere às nossas necessidades, pois nos permite esclarecer quem realmente somos e o que viemos fazer nesta encarnação para a nossa evolução pessoal, assim como esclarece qual é a nossa contribuição para o desenvolvimento da sociedade. Ou seja, esse conhecimento (de nós mesmos), como um guia, nos brinda com a possibilidade de encontrar o melhor caminho para focar nosso tempo e energia em atitudes e ações que de fato nos darão satisfação.

Quando estamos confusos sobre os objetivos da nossa existência, nos refugiamos no consumismo como meio de encontrar uma resposta a essa busca de significado para a vida. E o consumismo nos escraviza. Trabalhamos inúmeras horas por dia ou em vários empregos para podermos "sobreviver" e atender ao alto custo de vida imposto por essa sociedade cada vez mais consumista, ainda que para isso tenhamos que, muitas vezes, negligenciar nós mesmos, a família e o próximo em geral.

---

[62] KARDEC, Allan. *O evangelho segundo o espiritismo*, cap. V, it. 23.
[63] XAVIER, Francisco Cândido. *O Consolador*, p. 189.

Será que "criando novas necessidades, a civilização não constitui uma fonte de novas aflições?".[64] Até que ponto o desenvolvimento tecnológico nos favorece ou nos torna escravos, dependentes dessas novas tecnologias? Será que, por exemplo, precisamos trocar a cada ano o celular ou o computador por um novo modelo? Até que ponto essa necessidade é real no nosso dia a dia, ou simplesmente fruto do poder de persuasão da mídia, levando-nos a criá-las pela sensação constante de nos sentirmos desatualizados?

> Os males deste mundo estão na razão das necessidades factícias que vos criais. A muitos desenganos se poupa nesta vida aquele que sabe restringir seus desejos e olha sem inveja para o que esteja acima de si.[65]

Muitas dessas necessidades artificiais são bens supérfluos. "O supérfluo não é forçosamente indispensável, porém o mesmo não se dá com o necessário".[66] As coisas supérfluas não nos produzem nenhuma felicidade adicional; pelo contrário, quando as desejamos e não podemos ou não conseguimos atingi-las, nos causam ansiedade e angústia gerando insatisfações e frustrações que podem se manifestar como doenças físicas.

A Doutrina Espírita nos ensina que quando estamos encarnados temos uma estrutura tríplice: corpo, perispírito e alma. Assim

---

[64] KARDEC, Allan. *O livro dos espíritos*. q. 926.
[65] Id. Ibid., q. 926.
[66] Id. Ibid., q. 927.

sendo, devemos atender não só às nossas necessidades físicas, como também às necessidades das outras duas dimensões do nosso ser. Ami Goswani, Ph.D. em Física Quântica, professor da Universidade de Oregon nos Estados Unidos, é uma referência mundial em estudos que buscam conciliar a Ciência e a espiritualidade. Ele argumenta a importância de mudarmos de uma economia materialista capitalista para uma economia espiritual.

> Enquanto o capitalismo é a economia do bem-estar físico, baseada na satisfação das necessidades físicas condicionadas do ego, a economia espiritual deve ser uma economia do bem-estar holístico, baseada na satisfação tanto de nossas necessidades físicas como das superiores (pertinentes à exploração do vital, do mental, da alma e do Espírito).[67]

O modelo de desenvolvimento sustentável deve considerar a implantação de uma economia espiritual que trate dos seguintes aspectos:

a) nossa necessidade de explorar necessidades emocionais, especialmente emoções positivas como o amor e a satisfação;

b) nossa necessidade da busca de significado;

c) a necessidade de tratar de elementos espirituais e supramentais como altruísmo e felicidade.[68]

---

[67] GOSWAMI, Amit.. *O ativista quântico*, p. 196.
[68] Id. Ibid., p. 196.

Em O *livro dos espíritos*, Allan Kardec nos ensina que "a natureza deu ao homem a necessidade de amar e de ser amado".[69] Para atendermos essa necessidade, reencarnamos no ambiente adequado, onde vamos encontrar seres afins com os quais possamos estabelecer uma relação de amor recíproco, o que contribui para o aumento da felicidade neste mundo.

As empresas, portanto, nessa economia espiritual, devem considerar esses aspectos quando definem seus modos de produção e os produtos ou serviços oferecidos que permitam atender tanto às necessidades físicas como às espirituais. Isso abre imensas possibilidades de criação de novos negócios para o atendimento de necessidades espirituais.

3.2 Compromisso com as próximas gerações

O segundo elemento da definição do desenvolvimento sustentável é o compromisso que temos com as futuras gerações para deixarmos este planeta em condições iguais ou melhores das que encontramos quando encarnamos. Pela lei de causa e efeito vamos receber amanhã aquilo que semeamos hoje. Se melhorarmos as condições físicas e sociais do planeta, vamos encarnar posteriormente em ambientes melhores. Então,

---

[69] KARDEC, Allan. *O livro dos espíritos*. q. 938.

tomemos agora essa responsabilidade que é nossa, para que nós e todos aqueles a quem amamos, e que possivelmente estarão aqui encarnados fazendo parte das próximas gerações, possamos continuar usufruindo deste belo planeta azul.

Entretanto, para conseguirmos de fato essa melhora no nosso meio ambiente, é preciso que encontremos a melhor maneira de interagirmos com ele. Um aspecto fundamental que determina o nosso relacionamento com a natureza, diz respeito ao modo como a enxergamos: se a consideramos como algo fora de nós ou, pelo contrário, nos sentimos parte dela. A Doutrina Espírita nos ensina que o universo que conhecemos foi criado por Deus e que pela lei de evolução dos mundos o nosso planeta Terra se formou há 4,6 bilhões de anos. Diversas formas de vida foram se desenvolvendo até o aparecimento da espécie humana. Nós somos parte da natureza. A espécie humana é mais uma das espécies que habitam este planeta. A Terra é o nosso lar quando estamos encarnados. É o planeta que nesta existência nos brinda com as condições adequadas para a nossa encarnação na jornada evolutiva de nosso Espírito. Compreendendo esse princípio, podemos agir para melhor cuidar do planeta. A Terra nos tem acolhido em inúmeras existências (passadas e provavelmente futuras) possibilitando assim continuarmos com nosso aprendizado. Logo, devemos nos sentir parte dela e cuidá-la com o mesmo carinho e respeito que temos conosco e com os nossos, contribuindo dessa maneira para que possamos herdar um ambiente mais saudável em futuras gerações. É primordial, portanto, que tenhamos esse tipo de sentimento pelo nosso planeta porque, certamente, ele nos impulsiona a agir no sentido de contribuirmos na implementação do desenvolvimento sustentável.

E como deve ser esse agir, nos moldes desse modelo de desenvolvimento, para que consigamos deixar essa herança para as gerações vindouras?

Vamos responder essa pergunta estudando os pilares do desenvolvimento sustentável, mas, antes de tudo, é imprescindível estarmos conscientes de que se queremos um melhor lugar para viver, isso só será possível se o trabalho começar agora!

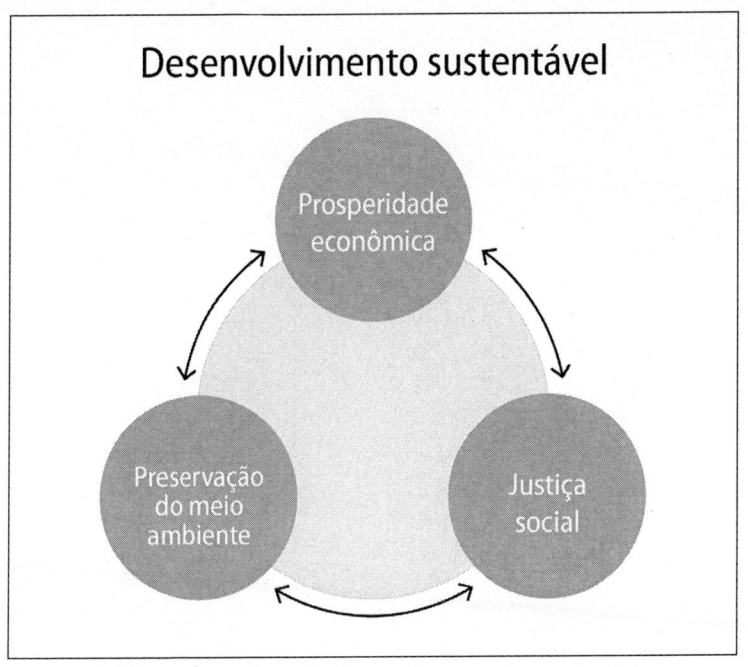

Figura 4 – Pilares do desenvolvimento sustentável

A figura 4 mostra as três dimensões fundamentais que devemos trabalhar para implementarmos o modelo de desenvolvimento sustentável: a preservação do meio ambiente, a prosperidade econômica e a justiça social. As três áreas são de igual importância no desenvolvimento sustentável. Estamos hoje vivendo nessas condições como consequência de termos dado demasiada ênfase ao aspecto econômico. Na área da justiça social, o desenvolvimento sustentável precisa atingir uma redução significativa ou, se possível, a eliminação da pobreza, outorgar maior poder de decisão à mulher, gerar empregos e assegurar o reconhecimento e a observância dos direitos humanos.

Segundo Allan Kardec, em *Obras póstumas*,

> Liberdade, igualdade, fraternidade. Estas três palavras representam, por si sós, o programa de toda uma ordem social que realizaria o mais absoluto progresso da humanidade, se o princípio que elas traduzem pudesse receber integral aplicação;[70]

Logo, parte de nosso compromisso é o entendimento e a aplicação desses princípios nas nossas vidas, servindo como exemplos para nossas famílias e modelos para a sociedade.

Ações práticas sugeridas

a) Conhecer a diferença entre o supérfluo e o necessário;

---

[70] KARDEC, Allan. *Obras póstumas*, p. 307.

Modelo de desenvolvimento sustentável

b) Avaliar quais são as suas necessidades nesta existência;

c) Desenvolver o compromisso com as próximas gerações.

Questões para discussão e reflexão

a) O que posso fazer para ajudar a atender as necessidades básicas do meu próximo?

b) O que posso fazer para ajudar a atender as necessidades espirituais do meu próximo?

c) Qual é o objetivo do atrativo no gozo dos bens materiais?

d) Como estou contribuindo para a conservação do planeta?

e) Como diferenciar uma necessidade de um desejo?

f) Quais são os limites na satisfação das nossas necessidades?

g) A Terra produz o necessário para atender as necessidades básicas de todos os encarnados?

h) Como diferenciar o necessário do supérfluo?

i) Qual é o meu compromisso com as próximas gerações?

j) Qual é a importância das futuras gerações?

k) Como deveríamos considerar as futuras gerações com relação aos seus direitos?

4

CONSUMO E CONSUMISMO

Após a Segunda Guerra Mundial, executivos das indústrias dos Estados Unidos desenvolveram uma visão para manter e aumentar a produção de suas companhias. Tal visão que tinha como objetivo fazer do consumo um estilo de vida dos cidadãos. Para implementar essa visão, desenvolveram várias estratégias.[71] Três dessas estratégias têm sido muito bem sucedidas nos últimos cinquenta anos. São elas:

> a) *Sistematizar e normatizar os conceitos de obsolescência planejada e obsolescência percebida* (obsolescência é a condição que ocorre a um produto ou serviço que deixa de ser útil, mesmo estando em perfeito

---

[71] LEONARD, Annie. *La historia de las cosas*, p. 220-226.

estado de funcionamento, devido ao surgimento de um produto tecnologicamente mais avançado);

b) *Identificar* status *social com o nível de consumo;*

c) *Uso da publicidade para promover constantemente o consumo.* Em 2011, estima-se que foram gastos no mundo 464 bilhões de dólares em publicidade nos diferentes meios de comunicação (TV, rádio, jornais, internet e *outdoors*).[72] A terça parte desse valor foi gasto nos Estados Unidos. O Brasil ocupa o sexto lugar no mundo em gastos com publicidade, 15,4 bilhões de dólares. A ONU estima que sejam necessários cerca de 300 bilhões de dólares por ano para erradicar a pobreza extrema do mundo.[73] Isso significa que com 66% do que é gasto em publicidade no mundo, poderíamos como sociedade, acabar com esse flagelo da miséria em nosso planeta.

Essas estratégias foram implementadas de uma maneira sistemática na sociedade norte-americana e a partir daí se espalhou para o mundo inteiro. Como resultado, em 2005 os 20% mais ricos do mundo foram responsáveis por 76,6% do consumo total mundial enquanto os 20% mais pobres

---

[72] Disponível em: <www.zenithoptimedia.com>.
[73] UNDP. *Human Development Report* 2005, p. 2.

por escassos 1,5% desse consumo[74]. Esses valores mostram a enorme desigualdade que existe na sociedade entre satisfazer as necessidades básicas da população e a magnitude do consumo, especialmente do grupo de maior poder econômico.

Existe uma grande diferença entre o que chamamos consumo e o que é denominado consumismo. O consumo é a aquisição dos bens e serviços para atender às necessidades básicas. O consumo é fundamental para a nossa sobrevivência, mas consumir muito ou consumir coisas que não são necessárias (consumismo) pode prejudicar nossa saúde e também afetar adversamente as condições dos ecossistemas dos quais dependemos para a nossa sobrevivência como espécie humana. "O consumismo é uma relação particular com o consumo no qual procuramos satisfazer as nossas necessidades emocionais e sociais fazendo compras e definimos a nossa autoestima pelas coisas que possuímos".[75]

As carências afetivas, a falta de suporte social e a baixa autoestima levam as pessoas ao consumismo como meio de acalmar essas tensões emocionais internas. Porém, como asatisfação e a sensação de bem-estar são momentâneas, os indivíduos continuam nesse comportamento consumista no afã contínuo de alimentar esses sentimentos.

---

[74] SHAH, Anup. *Consumption and consumerism*. Disponível em: <www.globalissues.org>.
[75] LEONARD, Annie. *La historia de las cosas*, cap. 4, p. 204.

O consumismo não existiria sem a publicidade, ferramenta fundamental para influenciar padrões de consumo, formar estilos de vida e, consequentemente, criar necessidades que, independente de serem físicas ou biológicas, podem ser psicossociais.[76]

As pesquisas do *neuromarketing*, trabalho conjunto da área de *marketing* e da neurociência, usaram dois dos mais sofisticados instrumentos de rastreamento cerebral do mundo, o IRMF (Imagem por Ressonância Magnética funcional) e o TEE (uma versão avançada do eletroencefalograma), para tentar desvendar o que Martin Lindstrom, um dos mais respeitados gurus de *marketing* do mundo, chama de

> lógica do consumo – os pensamentos, sentimentos e desejos subconscientes que impulsionam as decisões de compra que tomamos todos os dias de nossas vidas.[77]

O resultado dessas pesquisas mostra a enorme influência que nossas emoções exercem sobre todas as decisões que tomamos. Essas escolhas que fazemos estão alicerçadas sobre associações que temos elaborado ao longo da nossa existência, algumas positivas e outras negativas, das quais muitas vezes não temos uma percepção consciente. Elas são uma espécie de atalhos cerebrais conhecidos como marcadores somáticos.

---

[76] TRIGUEIRO, André. *Mundo sustentável*, p. 40.
[77] LINDSTROM, Martin. *A lógica do consumo*, p. 13.

Unidos por experiências anteriores de recompensa ou punição, esses marcadores servem para conectar uma experiência ou emoção a uma reação específica necessária... são esses mesmos atalhos cognitivos que estão por trás da maioria das nossas decisões de compra.[78]

Essas experiências de recompensa ou de punição podem ter acontecido durante a infância, na adolescência e em alguns casos podem vir de existências passadas. Diariamente continuamos elaborando novos marcadores baseados no que estamos olhando e recebendo do meio externo. "E será que as empresas e os anunciantes trabalham para criá-los deliberadamente em nosso cérebro? Pode apostar. Veja os comerciais de televisão".[79] As mensagens publicitárias repetitivas e atraentes vão criando as associações que os anunciantes querem colocar em nossos cérebros para tomarmos a decisão de consumir o que eles estão promovendo. Dessa maneira tiram proveito de nossa vulnerabilidade emocional, do estresse, da baixa autoestima, dos desejos inconscientes, da ansiedade e dos medos para nos induzirem ao consumo.

> Os anunciantes tentam nos assustar e nos fazem acreditar que, se não compramos um determinado produto, estaremos menos seguros, felizes e livres, e teremos menos controle sobre nossa vida".[80]

---

[78] LINDSTROM, Martin. *A lógica do consumo*, p. 116-117.
[79] Id. Ibid., p. 118.
[80] Id. Ibid., p. 122.

Portanto, depende de nós trabalharmos para melhorar nossa autoestima, fortalecer os elos afetivos com nossos familiares e amigos, enfrentar os medos e ajudar o próximo, para não sermos presas fáceis da avalanche de propagandas às quais estamos submetidos diariamente.

As pesquisas indicam que "aproximadamente 90% do nosso comportamento de consumo é inconsciente".[81] Parece um valor assustador. E o que agrava ainda mais a situação é o desconhecimento dos impactos sobre o meio ambiente e sobre a sociedade do que compramos. Em verdade o que ocorre é que não procuramos nos informar a respeito, e o comportamento, além de ser "inconsciente", torna-se inconsequente, uma vez que não nos preocupamos em saber a procedência daquilo que adquirimos. Em geral, o ser humano só se mobiliza quando o problema afeta a sua vida cotidiana. Normalmente tendemos a adotar uma postura mais acomodada quando não nos sentimos ameaçados por uma gravidade imediata. E nesse caso, não sentimos, muitas vezes porque a informação não é disponibilizada por parte dos fabricantes, que em certos casos sequer a conhecem; ou, principalmente pela falta de uma legislação mais rigorosa quanto à exigência para que sejam publicadas todas essas informações fundamentais de esclarecimento para que os consumidores possam tomar as suas decisões. De qualquer modo, a questão é que esses impactos já estão nos afetando

---

[81] LINDSTROM, Martin.. *A lógica do consumo*, p. 168.

e muitos ainda não acordaram para essa realidade. Então, é nosso dever buscar esse conhecimento e exigir sua divulgação além de ser uma maneira de ajudar-nos uns aos outros nessa batalha de trazer para o consciente a responsabilidade de limitar nosso desejo desenfreado pelo consumo. Assim estaremos efetivamente cooperando na luta pela sustentabilidade do planeta.

A Ecologia industrial desenvolveu uma metodologia chamada *análise do ciclo de vida*, que permite medir o impacto sobre o meio ambiente de cada um dos componentes do produto que compramos, desde a extração da matéria-prima até o descarte. Esses dados sobre o impacto no meio ambiente devem ser apresentados ao público de uma maneira fácil de entender.

Precisamos, portanto, mudar urgentemente para um paradigma de consumo consciente: entendendo melhor quais são as nossas motivações e impulsos, procurando saber o que nos atrai e refletindo sobre o porquê dessa atração, para que por meio desse discernimento possamos fazer melhores escolhas. Em resumo, precisamos nos conhecer melhor. É uma mudança de pensamento, sentimento e comportamento. Porém, devemos estar atentos para evitar cair nas (ou sair das) três armadilhas do estilo de vida consumista[82] que são:

> a) *ostentação*: satisfação do nosso orgulho pela exibição de nossa vaidade com bens materiais.

---

[82] TRIGUEIRO, André. *Mundo sustentável 2*, p. 18.

b) *excesso*: crer que os recursos naturais são infinitos e assim sendo, podemos desperdiçá-los à vontade.

c) *ilusão de felicidade*: achar que o acúmulo de bens materiais nos leva à felicidade e à paz interior.

Caímos nessas armadilhas, como resultado do nosso orgulho, ambição e egoísmo. A manifestação e materialização desses sentimentos têm consequências desastrosas para nós mesmos, para a sociedade e para o meio ambiente. Allan Kardec nos ensina que

> os males mais numerosos são aqueles que o homem criou para si, por seus próprios vícios, aqueles que provêm do seu orgulho, do seu egoísmo, de sua ambição, da sua cobiça, de seus excessos em todas as coisas; aí está a causa das guerras e das calamidades que elas geram, das dissensões, das injustiças, da opressão do fraco pelo mais forte, da maior parte das moléstias.[83]

Portanto, deveríamos eliminar o consumismo de nossas vidas adotando o propósito de consumir somente o necessário. Viver uma vida mais simples. Dedicar mais tempo e energia para desenvolver nossas emoções positivas e nossa espiritualidade.

Os bens materiais para serem produzidos consomem recursos naturais e geram resíduos que são as causas de muitos dos

---

[83] KARDEC, Allan. *A gênese*, cap. III, it. 6.

problemas ambientais que estamos vivenciando. Uma das conclusões do Plano de Implementação, elaborado durante a Conferência das Nações Unidas sobre Desenvolvimento Sustentável em Johanesburgo em 2002, estabelece que

> mudanças fundamentais na forma em que as sociedades produzem e consomem são indispensáveis para atingir o desenvolvimento sustentável global.[84]

Por essa razão, devemos nos educar para a prática do consumo consciente por meio de uma reflexão sobre o ato de consumir, fazendo escolhas baseadas no conhecimento da procedência, do tipo de trabalho usado na produção, das matérias-primas utilizadas para que não sejam nocivas ao meio ambiente e de empresas socialmente responsáveis. Devemos ser muito críticos com relação à publicidade e à propaganda que invade nossas vidas diariamente, pois elas nos oferecem a grande solução para muitos dos nossos problemas: comprar mais! Devemos desenvolver a consciência da importância dos efeitos das nossas escolhas de consumo sobre o bem-estar social e a qualidade do meio ambiente.

Devemos lembrar que o objetivo de nossa vida é o progresso espiritual e a felicidade. Para sermos felizes não precisamos de tantas coisas materiais. Pesquisas mostram que acima de

---

[84] Worldwatch Institute. *State of the world 2004*. Foreword, p. xv.

certo nível de renda, aproximadamente 13 mil dólares por ano, a renda adicional contribui moderadamente à felicidade da pessoa.[85] Uma renda maior, possibilitando um consumo também maior, não adiciona felicidade, uma vez que as necessidades básicas são atendidas.

O consumismo está erodindo a base de sustento da vida em nosso planeta, pois no modelo econômico atual o sucesso da economia depende em grande medida do volume consumido. Para uma boa parte da população, pertencente às classes sociais de maior poder aquisitivo, o consumismo tem se convertido no principal objetivo de vida e a posse de bens materiais, numa atividade de grande significado na vida. Essas pessoas dão pouca ou quase nenhuma importância para a desigualdade social, uma vez que continuam agindo assim numa realidade em que mais da metade da população mundial sobrevive com menos de dois dólares por dia. Quase dois bilhões de pessoas (1,7 bilhão precisamente) fazem parte do grupo chamado sociedade de consumo, sendo que metade delas vive nos países desenvolvidos e a outra metade nos países em desenvolvimento.[86]

Talvez a maior antítese relacionada ao tema consumismo esteja na celebração do Natal. Sendo essa a maior festa religiosa da cultura ocidental, também é a principal data do calendário

---

[85] GARDNER, Gary T. *Inspiring progress*, p. 108.
[86] WORLDWATCH INSTITUTE. *State of the world 2004*, p. 6.

comercial. A data de celebração do nascimento de Jesus tem sido utilizada e explorada pelo modelo econômico atual para fomentar o consumismo. Estamos perdendo o significado do evento que deveríamos celebrar. Essa celebração está sendo substituída pela necessidade artificial da compra de presentes, com lojas abarrotadas de pessoas que gastam até a última hora e que, bem ao contrário, deveriam estar louvando esse dia com orações, pensamentos e ações de paz e fraternidade.

As cinco melhores datas para o varejo brasileiro em volume de vendas são: o Natal, o Dia das Mães, o Dia dos Namorados, o Dia das Crianças e o Dia dos Pais. O Dia das crianças surgiu na década de 1960, no Brasil, por uma iniciativa da indústria de brinquedos. A comemoração do Dia dos Namorados surgiu na década de 1940, mas foi somente na última década que tomou maior força no varejo e as vendas cresceram significativamente.

Para promover a mudança de hábitos de consumo é preciso um trabalho integrado, por meio de parcerias e alianças, entre as organizações da sociedade civil, as agências governamentais e as empresas privadas, a fim de informar e de educar os cidadãos, bem como estimular a criação de leis e incentivos fiscais e econômicos que permitam direcionar a sociedade no rumo do consumo consciente e sustentável. Para isso, cada um de nós deve:[87]

---

[87] GOLEMAN, Daniel. *Inteligência ecológica*, p. 44.

a) conhecer os impactos e as consequências do que fazemos e compramos;

b) defender as melhorias e ter a determinação de mudar; e

c) compartilhar o que aprender.

Esse processo nos permite reduzir o impacto que produzimos no meio ambiente além de colaborar para que as pessoas, ao se espelharem em nós ou em outras, possam ter o mesmo conhecimento que lhes permita tomar decisões similares. É uma tarefa coletiva. Precisa do engajamento de muitas pessoas para criar a massa crítica que force a mudança social.

Ações práticas sugeridas

a) Conhecer as origens das datas celebradas pela sociedade e entender seu real significado;

b) Ler os rótulos dos artigos a serem consumidos para tomar melhores decisões;

c) Consumir só o necessário;

d) Fazer o teste para saber que tipo de consumidor você é em: www.akatu.org.br.

Questões para a discussão e reflexão

a) Qual é meu nível de consumismo e como posso reduzi-lo?

b) Como comemoro o Natal?

c) Quais são os objetivos da minha vida?

d) Que critérios uso para decidir o que vou consumir?

e) Como foram produzidos os produtos que consumo?

f) Os bens materiais afetam meu relacionamento com os demais seres encarnados?

g) Por que preciso consumir esse produto?

h) Sou um consumidor consciente?

5
AS RELIGIÕES E O DESENVOLVIMENTO SUSTENTÁVEL

Diversas religiões, principalmente nos Estados Unidos, já começaram a se envolver diretamente com assuntos relacionados ao desenvolvimento sustentável.

5.1 Organizações

Entre as mais importantes organizações religiosas com foco nesta área, temos:

a) Council for a Parliament of the World's Religions (Conselho para o Parlamento das Religiões do Mundo);

b) Global Ethic Foundation (Fundação Ética Global);

c) Alliance of Religions and Conservation (Aliança das Religiões e a Conservação);

d) National Religious Partnership on the environment (Parceria Nacional Religiosa sobre o meio ambiente);

e) Coalition on the environment and Jewish Life (Coalizão entre meio ambiente e vida judaica);

f) Evangelical Environmental Network (Rede Evangélica Ambiental);

g) Islamic Foundation for ecology and environmental sciences (Fundação Islâmica em Ecologia e Ciências Ambientais).

Todas essas organizações surgiram do trabalho de diversos grupos, em diferentes lugares, com o objetivo de se fortalecerem como associação para influenciar tanto os políticos como os seus próprios fiéis.

> Se as crenças religiosas mundiais escolherem abraçar estes assuntos do desenvolvimento sustentável em uma grande escala, elas poderão imprimir um distintivo ético e espiritual ao progresso.[88]

---

[88] GARDNER, Gary T. *Inspiring progress*, p. 43.

Esse é um ingrediente importante a ser acrescentado na receita para um mundo mais saudável. Alimentar a fé do ser humano nos princípios de suas crenças religiosas, vistos sob a perspectiva do desenvolvimento sustentável, para que, bem nutridos desses conhecimentos, possam agir em prol da saúde e do bem-estar do planeta. E nós, espíritas, bebamos desta fonte tão rica e inesgotável que é a Doutrina Espírita seguindo a dieta prescrita por Jesus e elucidada por Kardec, para que possamos, unidos pela fé raciocinada e o amor, fazer a diferença na implementação do desenvolvimento sustentável.

5.2 Fortalezas

Essas crenças organizadas são importantes, porque apresentam fortalezas que favorecem a implantação do modelo de desenvolvimento sustentável,[89] tais como:

5.2.1 Significado

A crença religiosa providencia o conhecimento que nos dá um propósito e um significado para a vida, sendo esses

---

[89] GARDNER, Gary T. *Inspiring progress*, p. 43-53.

poderosos fatores de motivação para agirmos trabalhando com energia e foco rumo ao objetivo final.

5.2.2 Capital moral

A pessoa que vive de acordo com seus princípios morais, por meio de seu exemplo, torna-se um modelo de inspiração para os demais, passando a exercer grande influência sobre a opinião de todos à sua volta. É o que Kardec ensinou como a última fase das aristocracias como forma de governo na sociedade terrestre, a aristocracia intelecto-moral, que lidera a sociedade pelo conhecimento que tem das leis divinas e pela moralidade. O Espiritismo,

> fator, por excelência, da solidariedade humana, por mostrar que as provas da vida atual são a consequência lógica e racional dos atos praticados nas existências anteriores, por fazer de cada homem o artífice voluntário da sua própria felicidade [...] terá como resultado, necessariamente, uma sensível elevação do nível moral da atualidade.[90]

5.2.3 O número de seguidores

Aproximadamente 85% dos seres humanos pertencem a uma religião. A mobilização desse contingente de pessoas pela

---

[90] KARDEC, Allan. *Obras póstumas*, p. 319.

influência de seus líderes religiosos na direção da sustentabilidade pode ter um efeito determinante nos resultados. De acordo com o *ranking* de fiéis das maiores religiões do mundo,[91] o Espiritismo ocupa a décima posição com 15 milhões de seguidores, quase se equiparando ao número de judeus no mundo. O censo do IBGE de 2010 mostrou um valor de dois milhões de adeptos do Espiritismo, mas há dúvidas da acuracidade desse dado pela forma como foi feita a pergunta no questionário. Tanto em âmbito mundial quanto em nacional, o número de adeptos é significativo e, motivados na direção da sustentabilidade e na aplicação dos princípios morais apontados nesse sentido, podem contribuir e muito para a mudança de comportamento da sociedade como um todo.

5.2.4 Recursos financeiros e físicos

As congregações religiosas e movimentos espiritualistas possuem, em geral, um grande patrimônio representado por imóveis, terras e instituições, desenvolvendo suas atividades em escolas, hospitais, orfanatos, igrejas e asilos. Além disso, contam com recursos financeiros provenientes das doações dos seus seguidores ou de investimentos realizados. Esses recursos, se direcionados a ações sustentáveis, tendem a produzir um imenso impacto na sociedade.

---

[91] Disponível em: <www.adherents.com>.

5.2.5 Capital social

Os núcleos religiosos têm a capacidade de construir o capital social que permite fortalecer a comunidade. Os principais elementos do capital social são: a confiança, a cooperação, a comunicação e a disseminação das informações.[92] O princípio de fazer e contribuir para construir um mundo melhor induz ao trabalho voluntário. No Brasil, estima-se que existam 20 milhões de voluntários que ajudam e colaboram em diversos setores da sociedade.

Para reflexão: faço parte dessa estatística?

Todo esse trabalho voluntário consiste na aplicação da lei de amor e caridade para com nosso próximo.

Como vimos, os movimentos religiosos e espirtualistas têm um potencial gigantesco para contribuir na implementação do modelo de desenvolvimento sustentável, não só pela imensa quantidade de seguidores, mas também pelos recursos que, se aplicados adequadamente, podem, de fato, produzir uma mudança social com repercussões benéficas para o meio ambiente. Mas, será que os líderes atuais estão preparados para essa tarefa crucial e urgente pelo futuro da sociedade?

---

[92] GARDNER, Gary T. *Inspiring progress*, p. 52.

Ações práticas sugeridas

a) Participar do trabalho voluntário no centro espírita;

b) Participar do trabalho de uma ONG que promova algum aspecto do desenvolvimento sustentável;

c) Contribuir financeiramente para essas organizações que promovem o bem-estar social e ambiental;

d) Contribuir para a difusão dos princípios da Doutrina Espírita.

Questões para a discussão e reflexão

a) Qual é o propósito da minha vida?

b) Como posso contribuir para fazer atividades sutentáveis no centro espírita?

c) Como posso contribuir para fazer atividades sutentáveis no meu trabalho?

6
SUSTENTABILIDADE

O primeiro passo para a formação de comunidades sustentáveis consiste no conhecimento detalhado de como a natureza funciona, sobre as leis que regem os ecossistemas e como eles têm sido testados e desenvolvidos por milhões de anos. Fritjof Capra, Ph.D., físico e teórico dos sistemas, diretor fundador do Centro de Ecoalfabetização de Berkeley, Califórnia, ao estudar as múltiplas relações que interligam todos os organismos em nosso planeta, conclui que "nós podemos identificar conceitos essenciais que descrevem os padrões e os processos pelos quais a natureza sustenta a vida".[93]

---

[93] CAPRA, Fritjof. *Alfabetização ecológica*, p. 51.

6.1 Princípios de sustentabilidade

Esses conceitos que acabamos de mencionar são os princípios de sustentabilidade que permitem a criação e a manutenção de comunidades sustentáveis podendo ser aplicados para a criação de sociedades sustentáveis. Eesses princípios[94] são: as redes, a interdependência, a diversidade, os ciclos, os fluxos e o equilíbrio dinâmico.

6.1.1 Redes

Todos os organismos vivos fazem parte de uma rede com funções específicas. Essa multiplicidade de funções torna a rede resiliente, o que permite absorver variações ou perturbações no sistema. Nós, seres humanos, fazemos parte dessa rede da vida quando estamos encarnados no planeta Terra. E provocamos o enfraquecimento da teia da vida quando praticamos de forma indiscriminada atividades como o desmatamento, a caça esportiva, o desperdício de alimentos e inúmeras outras, como as que provocam, por exemplo, o acúmulo de poluição.

Até que ponto a rede da vida poderá suportar o abuso? A sociedade está construída em redes, começando por uma

---
[94] CAPRA, Fritjof. *Alfabetização ecológica*, p. 51-55.

estrutura simples, pela família e tornando-se cada vez mais complexa, na medida em que abrange mais indivíduos: do bairro, da cidade e do país. A *internet* é um exemplo de tecnologia desenvolvida com o conceito de rede. Temos também as redes sociais como Facebook, Orkut, etc., que ligam pessoas de diversos lugares do planeta.

6.1.2 Interdependência

Nenhum organismo consegue viver isoladamente. Uma espécie depende da outra para sobreviver. "A vida não tomou conta do planeta pela violência, mas pela cooperação, pela formação de parcerias e pela organização em redes".[95] Existe, portanto, uma inter-relação entre as espécies e uma relação de cooperação entre nós, da espécie humana, na consolidação da vida neste planeta. E só por meio da compreensão e respeito dessas duas condições é que o progresso torna-se possível nos moldes do desenvolvimento sustentável. É preciso entender que na condição de encarnados, em aprendizagem, neste planeta, não detemos o conhecimento de tudo. Logo, dependemos da sabedoria, das habilidades e do trabalho de muitos outros seres humanos para o nosso sustento e nossa evolução. Trabalhando em parcerias e fazendo alianças podemos estruturar uma sociedade mais resiliente. A globalização dos mercados e da

---

[95] CAPRA, Fritjof. *As conexões ocultas*, p. 239.

economia é um exemplo que mostra a interdependência cada vez maior entre os países do planeta. Mais importante ainda é conseguirmos a globalização da solidariedade humana.

6.1.3 Diversidade

Quanto maior for o número de espécies num ecossistema, maior será a capacidade desse ecossistema para se recuperar diante das perturbações ambientais, já que as funções de algumas espécies extintas podem ser realizadas pelas conexões existentes entre outras espécies. Podemos constatar a diversidade nos grupos sociais humanos pelas diferentes religiões, culturas, tradições, pensamentos e filosofias; ou seja, pelas diferentes formas de abordagem dos mesmos problemas e inquietudes que envolvem o ser humano.

6.1.4 Ciclos

A natureza nos mostra, trabalhando em ciclos, a maneira mais eficiente do uso dos recursos disponíveis, como por exemplo, o ciclo hidrológico, o ciclo da cadeia alimentar e o ciclo dos nutrientes como o nitrogênio e o fósforo. Não se desperdiça nada. O resíduo de uma espécie é o alimento de outra. A sociedade atual, com o modelo linear de desenvolvimento econômico, está caminhando na contramão desse princípio, pois estamos gerando resíduos em todas as fases da cadeia produtiva, desde a extração dos recursos até o consumo final. A imensa geração de resíduos que vemos, e a maior parte que não vemos, é um claro indício de que estamos muito longe da aplicação desse princípio dentro do modelo econômico atual. Do ponto de vista espiritual, um ciclo muito importante para o progresso do Espírito é o ciclo da reencarnação. Quando reencarnamos usamos os elementos provenientes do óvulo e do espermatozóide dos nossos progenitores. Quando desencarnamos, esses elementos que formavam o nosso corpo físico retornam e se reciclam na natureza.

6.1.5 Fluxos

Todos os organismos vivos e os ecossistemas são sistemas abertos. Isso significa que precisam de um fluxo constante de energia para sua manutenção e desenvolvimento. A principal fonte dessa energia no nosso planeta é a energia solar. Quando estamos encarnados, o nosso perispírito precisa do fluxo de energias espirituais para se manter. Esse fluxo provém de diversas fontes, como os Espíritos superiores e protetores, o contato com a Natureza, a ingestão de alimentos naturais e das expressões de afeto e carinho pelo nosso próximo.

O estudo, a reflexão e a aplicação desses princípios de sustentabilidade são fundamentais para a construção de sociedades sustentáveis que preservem o meio ambiente. Fritjof Capra explica que esse processo se dá em duas etapas.[96] A primeira, que ele denomina *alfabetização ecológica*, refere-se ao estudo e a compreensão desses princípios que permitiram o desenvolvimento e a manutenção da rede da vida. E a segunda, denominada *projeto ecológico*, refere-se à aplicação desses princípios para a reformulação de nossas tecnologias e das instituições sociais e governamentais.

6.2 Para uma sociedade sustentável

Corroborando com esse estudo, do outro lado do mundo, o Dr. Karl-Henrik Robert, médico oncologista sueco, desenvolveu um sistema de princípios básicos e simples, que podem ser entendidos por toda a sociedade e que permite o intercâmbio de ideias entre pessoas de diferentes áreas de formação, pois podem se comunicar baseadas em princípios e termos similares, com a finalidade de alcançar uma sociedade sustentável.

São quatro os princípios desenvolvidos pelo Dr Karl-Henrik:[97]

> a) As sustâncias extraídas da crosta terrestre não devem aumentar sistematicamente na biosfera;

---

[96] CAPRA, Fritjof. *As conexões ocultas*, p. 238-241.
[97] ROBERT, Karl-Henrik. *The natural step*, p. 8-9.

b) As sustâncias produzidas pela sociedade humana não devem aumentar sistematicamente na biosfera;

c) A produtividade e a biodiversidade da Terra não devem ser sistematicamente deterioradas e

d) As necessidades humanas devem ser satisfeitas com o uso justo e eficiente da energia e outros recursos naturais.

Sob outro ponto de vista, Peter Senge, palestrante sênior do Massachusetts Institute of Technology (MIT) e uma das maiores autoridades mundiais na gestão das organizações, apresenta em sua obra mais recente[98] três conceitos de vital importância para que possamos atingir um futuro sustentável na sociedade:

1. *Nenhum caminho para o futuro ignora as necessidades das gerações futuras.* Se a nossa geração abusar e desperdiçar dos recursos naturais disponíveis, vamos deixar o planeta em condições mais difíceis e com uma menor disponibilidade de recursos para as próximas gerações, ou seja, muito provavelmente para nós mesmos em futuras encarnações.

2. *As instituições importam.* A sociedade atual está formada por empresas privadas, instituições governamentais

---

[98] SENGE, Peter. *A revolução decisiva*, p. 9-11.

e por organizações não governamentais (ONGs) que interagem permanentemente entre si. A resiliência da sociedade vai depender da visão em longo prazo de todas essas instituições, que em sua maioria só pensam em resultados imediatos. Mudanças estruturais serão necessárias para fortalecer todas essas instituições.

3. *Todas as mudanças reais se fundamentam em novas maneiras de pensar e perceber.* Quando os indivíduos mudam sua forma de pensar e mudam sua forma de perceber seus relacionamentos com os outros seres humanos e com a Natureza, são impulsionados para colocar em ação esses novos pensamentos para melhorar as instituições das que formam parte. Cada um de nós, encarnado neste planeta, tem a responsabilidade de contribuir com essa mudança.

Do ponto de vista do pensamento sistêmico, para que essa mudança aconteça requer-se a abertura da mente, do coração e da vontade[99] para que possamos enxergar além de nós mesmos e, assim, entendamos a conexão que existe entre todas as criaturas do mundo. A compreensão desse elo nos permitirá decidir pelo trabalho conjunto na construção de um mundo sutentável.

---

[99] SENGE, Peter. *A revolução decisiva*, p. 271.

Todos esses pesquisadores, cientistas e pensadores das melhores instituições e universidades do mundo estão chegando a conclusões similares às apresentadas Em *O evangelho segundo o espiritismo* quanto à instrução dos Espíritos sobre os dois ensinamentos básicos para o progresso individual e da sociedade: "Amai-vos e instrui-vos".[100]

6.3 Para um futuro sustentável

Para alcançarmos uma sociedade sustentável no futuro, devemos trabalhar fundamentalmente em três áreas: a instrução, a educação moral e a ação.

6.3.1 Instrução

A instrução compreende três áreas bem importantes:

> a) As leis morais apresentadas no livro Terceiro de *O livro dos espíritos*. Essas leis regem o nosso relacionamento com Deus, com os outros seres humanos, com a Natureza e com os seres desencarnados;

---

[100] KARDEC, Allan. *O evangelho segundo o espiritismo*, cap. VI, it. 5.

b) As leis universais como a lei de causa e efeito, a lei da reencarnação, a pluralidade de mundos habitados e a comunicabilidade dos Espíritos;

c) Os princípios básicos do desenvolvimento sustentável. A Carta da Terra é um documento muito valioso de estudo, sendo essencial para a educação em desenvolvimento sustentável.

6.3.2 Educação moral

A educação moral é a educação que pode ser entendida por meio da definição dada por Allan Kardec na questão 685ª de *O livro dos espíritos*:[101] é a "que consiste na arte de formar os caracteres, a que incute hábitos, porquanto a educação é o conjunto dos hábitos adquiridos". Essa educação moral permite ao ser humano ter uma visão espiritual e entender melhor sua função no plano terrestre para a conservação do meio ambiente físico, social e espiritual. Adquirirá hábitos de ordem e passará a ser mais precavido com relação às consequências de seus atos sobre o meio ambiente e sobre seus semelhantes.

A *Carta da Terra*, documento elaborado durante quase uma década, a partir de discussões efetuadas em mais de 45 países, envolvendo mais de cem mil pessoas de diferentes organizações

---

[101] KARDEC, Allan. *O livro dos espíritos*, q. 685-a.

da sociedade civil, de empresas, universidades e de distintas religiões, é uma declaração de princípios éticos fundamentais para a construção de uma sociedade justa e sustentável. Um de seus princípios enfatiza a atitude de "reconhecer a importância da educação moral e espiritual parauma subsistência sustentável".[102] A Doutrina Espírita é uma das escolas de pensamento e sentimento que pode contribuir nessa educação moral e espiritual dos Espíritos atualmente encarnados.

6.3.3 Ação

Somente a ação torna possível a implementação desses conhecimentos na nossa vida cotidiana. Existem quatro grandes áreas de atuação[103] em que podemos obter melhores resultados no que se refere a reduzir o impacto ambiental, promover o crescimento econômico e aumentar as fontes de emprego:

a) *aumento radical da produtividade dos recursos*: refere-se ao uso mais eficiente dos recursos naturais, ou seja, obter o mesmo serviço de um produto ou de um processo utilizando menos energia e menos matéria-prima. Apresenta três vantagens: diminuição da

---

[102] CARTA DA TERRA. Princípio 14. Disponível em: <www.cartadaterrabrasil.org>.
[103] HAWKEN, P.; LOVINS, A.; LOVINS, H. *Natural capitalism*, p.10-21.

extração dos recursos naturais, diminuição da poluição e aumento do número de empregos;

b) *imitar os processos da natureza*: redesenhar os sistemas industriais seguindo o exemplo dos processos biológicos que se aperfeiçoaram durante milhões de anos. A ideia fundamental é eliminar praticamente a geração de resíduos;

c) *economia de serviços e fluxos*: mudar o conceito de satisfação da compra do objeto pelo uso do serviço do mesmo, sem a necessidade de comprá-lo e

d) *investir no capital natural*: promover a restauração dos ecossistemas que foram degradados.

No âmbito individual, podemos atuar inicialmente em quatro áreas: consumo de papel, consumo de água, consumo de energia e uma dieta consciente no que diz respeito à carne vermelha. Com relação à carne vermelha, o seu alto consumo contribui para manter e agravar alguns dos problemas ambientais mais críticos. A criação de gado é uma das principais causas do desmatamento, uma vez que é necessário o corte de árvores para aumentar a área disponível para essa atividade econômica. A criação de gado consome 38% de todos os grãos produzidos no mundo,[104] além de ser uma ma-

---

[104] BROWN, Lester et al. *Vital signs* 1995. Worldwatch Institute, p. 34.

neira ineficiente para o aproveitamento dos grãos, já que são necessários 7 kg desses para se produzir um quilo de carne vermelha. Além disso, o processo de fermentação no estômago do gado é a segunda maior fonte de geração de metano na atmosfera.[105] Segundo um estudo da Organização das Nações Unidas para Agricultura e Alimentação (FAO), a produção de carne é responsável por cerca de 18% das emissões mundiais dos gases do efeito estufa, enquanto as emissões mundiais provenientes do setor de transporte são da ordem de 13%.[106] Esses dados devem servir de alerta para que possamos refletir sobre o impacto que uma dieta com base na carne vermelha tem sobre o meio ambiente, levando-nos a considerar a redução de seu consumo ou, quem sabe, a eliminação mesmo em nossa dieta. É uma decisão muito pessoal.

Jeffrey Sachs, diretor do Instituto da Terra da Universidade de Columbia e conselheiro especial do Secretário-Geral das Nações Unidas nas Metas de Desenvolvimento do Milênio, enunciou oito ações que cada um dos membros desta geração pode empreender para a construção de um mundo de paz e desenvolvimento sustentável:[107]

1. Familiarizar-se com a Ciência que está subjacente ao desenvolvimento sustentável;

---

[105] GOUDIE, Andrew. *The human impact on the natural environment*, p. 309.
[106] STERN, Nicholas. *O caminho para um mundo mais sustentável*, p. 131.
[107] SACHS, Jeffrey. *A riqueza de todos*, p. 414-417.

2. Viajar sempre que for possível;

3. Iniciar ou unir-se a uma organização comprometida com o desenvolvimento sustentável;

4. Encorajar o engajamento de sua comunidade e estimular outras pessoas a aderirem à causa do desenvolvimento sustentável global;

5. Promover o desenvolvimento sustentável por meio de sites de relacionamento;

6. Comprometer-se politicamente;

7. Envolver o seu local de trabalho na causa do desenvolvimento sustentável;

8. Agir em sua vida pessoal conforme os padrões dos *Objetivos do Milênio*.

Um dos jornalistas mais influentes do mundo, Thomas Friedman, respondendo à pergunta de como podemos fazer a diferença no mundo, argumentou:

a) "Leve uma vida o mais sustentável possível que puder". Ou seja, temos que dar exemplo de sustentabilidade em nossa própria vida.

b) "É muito mais importante mudar os seus líderes do que trocar as lâmpadas. Os líderes escrevem as regras e regulações e elas modelam os mercados e mudam o comportamento de milhões de pessoas".[108]

Isso significa que podemos e devemos, por meio do nosso voto, trocar os líderes que não colaboram com a sustentabilidade, ou mudar a mente e os conceitos de nossos líderes para que eles mudem as leis em benefício da sustentabilidade na sociedade. Contudo, o problema não acaba com a mudança da legislação. Tão importante quanto isso é criar os mecanismos para que essas leis sejam efetivamente aplicadas em toda a sociedade com o objetivo de construirmos uma sociedade mais justa e solidária, que possa atender às necessidades de todos os seres encarnados.

"Com uma organização social criteriosa e previdente, ao homem só por culpa sua pode faltar o necessário".[109] Daí a importância de participarmos mais diretamente nos processos democráticos que definem as leis humanas que regem os nossos relacionamentos sociais.

Leonardo Boff, teólogo e filósofo brasileiro, desde 1980 tem se dedicado intensamente às questões de ecologia,

---

[108] FRIEDMAN, Thomas. *Hot, flat and crowded*, p. 397.

[109] KARDEC, Allan. *O livro dos espíritos*. q. 930.

espiritualidade, desenvolvimento sustentável e sustentabilidade, apresentando ao público suas profundas reflexões e estudos em mais de dez obras. Ele, que participou da redação da Carta da Terra, conclui: "um desenvolvimento será humanamente sustentável se em seu projeto incluir o capital espiritual. Ele é, à diferença do capital material, inesgotável, pois pode crescer mais e mais. Não há limites para a cooperação, a generosidade, a criatividade, a arte e para o amor".[110]

As leis morais apresentadas por Allan Kardec em O *livro dos espíritos* são alavancas na construção do capital espiritual para um *mundo sustentável*. As leis do trabalho e do progresso fortalecem o pilar da prosperidade econômica. As leis de reprodução, conservação e destruição suportam o pilar da preservação do meio ambiente. Finalmente, as leis de sociedade, igualdade, liberdade, amor, justiça e caridade, fundamentam o pilar da justiça social. Por isso, devemos estudá-las em profundidade e aplicá-las em todas as nossas atividades, para que essas atitudes sirvam de exemplo e possam se propagar através de nosso círculo de influência.

Ações práticas sugeridas

a) Participar mais ativamente na rede familiar;

---

[110] BOFF, Leonardo. *Sustentabilidade: O que é – O que não é*, p. 144.

b) Procurar informar-se sobre a procedência e forma de produção dos alimentos que consome;

c) Praticar a tolerância respeitando religião, raça, cultura e opinião partidária de nosso próximo;

d) Pesar o lixo que se gera durante uma semana;

e) Ser mais afetuoso com seus filhos;

f) Ser mais gentil com todos os seres humanos;

g) Procurar alfabetizar-se ecologicamente;

h) Ser mais eficiente no uso da energia;

i) Reduzir o consumo de carne vermelha;

j) Votar conscientemente.

Questões para a discussão e reflexão

a) Por que é importante a biodiversidade para um ecossistema?

b) Como posso aplicar na minha vida os princípios de sustentabilidade?

c) Quais das minhas atividades estão afetando a vitalidade da teia da vida?

d) Como reduzir o volume de resíduos gerados?

e) Ao desencarnar, devo ser enterrado ou cremado?

f) Comprar traz-me prazer?

7

CONTRIBUIÇÃO ESPÍRITA PARA O DESENVOLVIMENTO SUSTENTÁVEL

A ação da Doutrina Espírita para a transformação do mundo se dará de maneira indireta pelas

> modificações que trará às ideias, às opiniões, aos caracteres, aos costumes dos homens e às relações sociais; e essa influência será maior ainda em virtude de não ser imposta.[111]

Os conceitos da Doutrina Espírita agem sobre a consciência do ser humano e servem para seu esclarecimento e orientação quanto às escolhas para que sejam tomadas as

---
[111] KARDEC, Allan. *Obras póstumas*, p. 292.

melhores decisões, bem como para agir de acordo com os princípios dessa Doutrina.

7.1 Visão

A Doutrina Espírita, por apresentar uma visão clara e lógica sobre o mundo, a natureza e seu funcionamento, oferece-nos uma nova dimensão sobre a forma de enxergarmos a realidade. Consequentemente, ela nos ajuda a compreender melhor as questões que envolvem a nossa vida, ampliando nossa percepção dos problemas que nos cercam, desempenhando, assim, um papel importante no sentido de concientizar-nos e motivar-nos a agir na direção dos princípios da sustentabilidade. Ela também nos ensina o que é realmente importante para o Espírito e em que devemos focar nossa energia e tempo, ajudando-nos a responder às perguntas-chaves sobre a vida: "Quem sou? O que estou fazendo aqui? Por que estou nesta condição?". O processo de reflexão sobre essas respostas, além de filtrar nossos pensamentos, se modifica continuamente ao longo de nossa existência a cada nova experiência que vivenciamos e isso gera uma visão mais consciente da vida, mais cristalina de nossa realidade, bem como dos problemas que a cercam e suas possíveis soluções.

Essa visão determina nossas prioridades nesse mundo e o nosso comportamento dentro da sociedade.

A sustentabilidade requer um novo entendimento do nosso mundo e do lugar nosso nele, uma nova apreciação da nossa relação com a Natureza e com a comunidade de seres humanos que a habitam. Requer uma visão diferente do mundo.[112]

7.2 Leis morais

As leis morais apresentadas em *O livro dos espíritos* proporcionam o conhecimento das leis que regem as nossas relações com as outras espécies, com os outros seres encarnados e desencarnados, com a Natureza e com Deus. A compreensão dessas leis representa um poderoso guia de orientação na tomada de decisões que afetem a sociedade e a natureza. Essas leis morais sintetizam a base ética que nos leva ao entendimento de que a economia e a sociedade devem trabalhar em harmonia com as leis da natureza e que devem atender ao bem-estar de todos os seres humanos. Essas são as bases do modelo de desenvolvimento sustentável.

---

[112] GARDNER, Gary T. *Inspiring progress*, p. 16.

Desenvolvimento sustentável - Leis morais

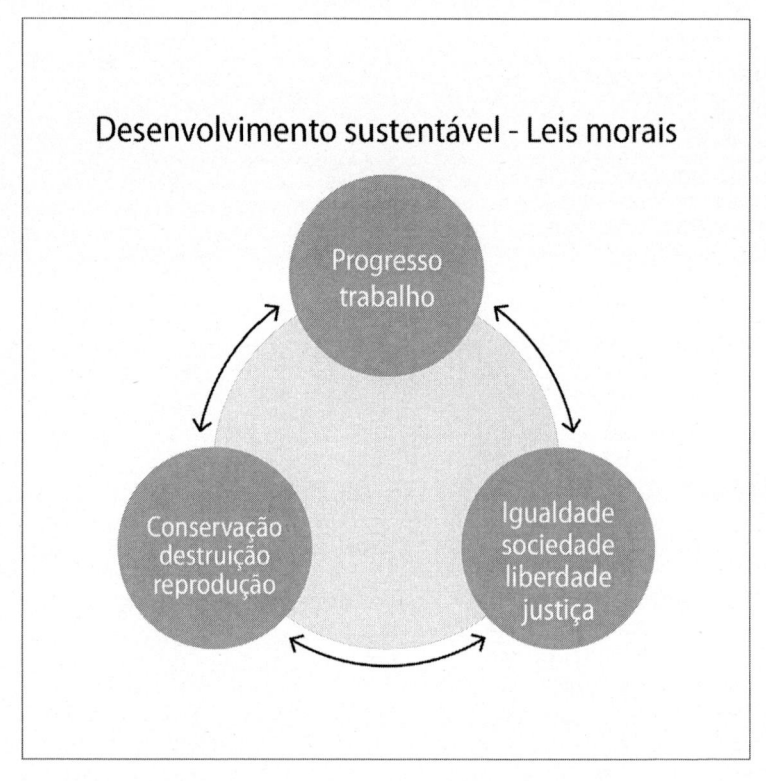

- Progresso / trabalho
- Conservação / destruição / reprodução
- Igualdade / sociedade / liberdade / justiça

Figura 5 – As leis morais e o modelo de desenvolvimento sustentável

Como podemos ver na Figura 5 (comparar com a figura 4), as leis morais apoiam os pilares do modelo de desenvolvimento sustentável. As leis do trabalho e do progresso apoiam o pilar da prosperidade econômica. As leis de conservação, de destruição e de reprodução sustentam o pilar da preservação do meio ambiente. E o terceiro pilar é amparado pelas leis de sociedade, de igualdade, de liberdade e de amor, justiça e caridade. Por isso, o estudo aprofundado dessas leis e sua aplicação em nossas atividades diárias são um assunto de suma importância que deve nortear as atividades dos centros espíritas e de seus participantes em prol de uma sociedade sustentável. Ou seja, nos centros espíritas podemos e devemos priorizar esse estudo, pela grande influência que o grupo exerce sobre o comportamento individual, pelo grande impacto que a organização das instituições produz na sociedade, por meio do exemplo das pessoas que as constituem e, consequentemente, pela contribuição desse modelo de comportamento e de organização na edificação das bases do desenvolvimento sustentável.

Um exemplo de estudo é o da extinção das espécies. Neste caso, devemos analisar a extinção não só pelo ponto de vista ambiental, mas também pelo da violação da lei da conservação, uma vez que estamos tirando a oportunidade dessas espécies de se desenvolverem, pois estamos reduzindo ou poluindo seu *habitat*. Defrontamos-nos aí com um dilema moral: Por que fazemos isso? Até que ponto estamos comprometidos nesse processo de extinção?

Da mesma forma devemos analisar a condição da existência de pobres e do aumento da miséria no mundo. De um lado, milhões de pessoas famintas, sem moradia, nem serviços básicos para sobrevivência; do outro, a opulência de um pequeno setor da sociedade que vive à base do desperdício. Essa dicotomia aterradora é o reflexo de uma sociedade com uma visão invertida de escala de valores, pois permite que a ambição, a cobiça e o egoísmo se sobreponham aos valores espirituais apregoados pelas diversas religiões e filosofias espiritualistas, entre elas a Doutrina Espírita, que tem como regra básica o amor ao próximo. Portanto, nós, espíritas, precisamos mostrar à sociedade, com ações práticas e com exemplos, a verdadeira ordem dessa escala, cientes de que o amor e a justiça são duas leis universais. Devemos ter confiança e fé no poder desse conhecimento das leis morais. Mas esse poder só aparece na medida em que nos comprometemos de fato com o estudo e a reflexão desses princípios e os colocamos em prática em todas as atividades de nossa vida; não só em nosso lar, mas também, no trabalho e na comunidade em que vivemos. "Os bons são tímidos. Quando estes o quiserem, preponderarão".[113] Devemos deixar a timidez de lado e sermos mais comunicativos, expondo nosso ponto de vista de uma maneira clara e condizente com nosso exemplo de vida.

> De que maneira pode o Espiritismo contribuir para o progresso?
>
> Destruindo o materialismo, ele faz que os homens compreendam onde se encontram seus verdadeiros interesses. Abolindo os prejuízos de seitas, castas e cores, ensina aos homens a grande solidariedade que os há de unir como irmãos.[114]

---

[113] KARDEC, Allan. *O livro dos espíritos*. q. 932.
[114] Id. Ibid., q. 799.

7.3 Bem-estar

A maioria dos especialistas concorda[115] que o bem-estar humano inclui vários componentes:

a) Os bens básicos para uma vida digna, sem privações (alimento, abrigo, mobília, vestuário, renda, etc);

b) A liberdade e opções de escolha;

c) A saúde (sentir-se bem e ter um ambiente físico saudável);

d) A segurança pessoal e;

e) As boas relações sociais (coesão social, respeito mútuo, boas relações familiares).

Esses componentes interagem reforçando-se mutuamente como mostra a figura 6. Podemos ver como a falta de atendimento desses componentes pode levar o ser humano ao outro extremo do espectro; ao estado de mal-estar humano, que se manifesta de uma maneira ostensível na pobreza e na miséria.

---

[115] CONSELHO DE AVALIAÇÃO ECOSSISTÊMICA DO MILÊNIO. *Ecossistemas e bem-estar humano*, p. 41.

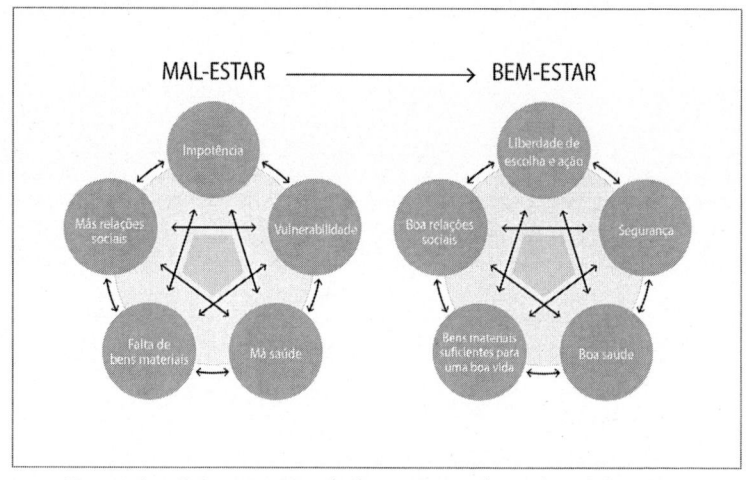

Figura 6 – Componentes do bem-estar e do mal-estar humano

Todas essas interações proporcionam as condições necessárias para a realização física, social, psicológica e espiritual dos seres encarnados nesta etapa do seu processo evolutivo.

Muitas das atividades humanas estão causando um impacto significativo no equilíbrio dos ecossistemas, afetando adversamente a disponibilidade e a qualidade dos serviços prestados por estes, o que prejudica os diversos componentes do bem-estar humano. As quatro grandes categorias dos serviços prestados pelos ecossistemas que sustentam diretamente o bem-estar humano são:

a) *Abastecimento*: alimentos, fibras, combustível, medicamentos naturais, água doce...;

b) *Regulação*: do clima, purificação da água, polinização, controle da erosão, manutenção da qualidade do ar...;

c) *Culturais*: inspiração, recreação, turismo, valores espirituais e religiosos, valores educacionais...;

d) *Apoio*: formação de solo, produção de oxigênio pela fotossíntese, ciclos dos nutrientes...

Allan Kardec pergunta em *O livro dos espíritos* se é censurável para o ser humano procurar o bem-estar. Os Espíritos respondem que

> é natural o desejo do bem-estar. Deus só proíbe o abuso, por ser contrário à conservação. Ele não condena a procura do bem-estar, desde que não seja conseguido à custa de outrem e não venha a diminuir-vos nem as forças físicas, nem as forças morais".[116]

Esse ensinamento espiritual apresenta dois fatores importantes na questão do bem-estar humano. O primeiro deles refere-se a evitar o abuso e o excesso na procura do bem-estar. Hoje estamos vendo as consequências do abuso, na utilização dos recursos naturais, que uma minoria da sociedade vem realizando para satisfazer suas necessidades, indo muito além das

---
[116] KARDEC, Allan. *O livro dos espíritos*. q. 719.

necessidades básicas. Estamos afetando a qualidade dos serviços dos ecossistemas, dos quais depende a vida neste planeta.

O segundo fator relaciona-se com o fato de que nosso bem-estar não pode ser conquistado a expensas da saúde de outras pessoas, do aproveitamento vantajoso denossa condição social, da segurança e da vida de outros seres humanos, das condições infra-humanas de trabalho (seja ele escravo, forçado ou infantil), e da corrupção ou do tráfico ilegal de bens para a nossa satisfação. Também não pode vir a expensas da imprudência de colocarmos emrisco nossa saúde física e mental ao fazermos trabalhos de alta periculosidade, pelo contato com substâncias nocivas sem elementos de proteção pessoal, por longas jornadas de trabalho ou por condições muito estressantes. Portanto, o bem-estar do ser humano deve atender duas áreas: a moral e a física.

"O desejo do bem-estar força o homem a tudo melhorar, impelido que é pelo instinto do progresso e da conservação".[117] Essa procura pelo bem-estar tem contribuído para o progresso da humanidade, mas, por outro lado, é imperioso lembrar que os motivos dessa busca podem acabar comprometendo espiritualmente os seres humanos, principalmente aqueles que são movidos pelo lema: "os fins justificam os meios". Para exemplificar esse tipo de conduta, podemos citar as experiências que utilizam seres humanos

---

[117] KARDEC, Allan. *O evangelho segundo o espiritismo*. cap. II, it 6.

como cobaias nos testes de novos medicamentos. Muitas vezes são experimentos de risco, mas, tudo é feito em nome da Ciência para o enriquecimento daqueles que detêm o poder econômico. Ou seja, a vida desses seres humanos é tão pouco valorizada que uns se acham no direito de utilizá-la em favor de outros. E o que pensar aqui da lei de justiça, amor e caridade? Todos nós somos irmãos. "Não façais aos outros o que não quereis que vos façam".

Por outro lado, temos o exemplo daquelas pessoas que se oferecem como voluntários nessas pesquisas pelo simples desejo de fazer o bem, de ajudar o próximo. Há ainda os casos daqueles que contraem uma doença incurável e que ao invés de ficar se lamentando, enxergam a oportunidade de praticar a caridade, tornando-se voluntários nos testes de novos medicamentos, procedimentos e técnicas de tratamento para salvar outras vidas (nessas ou nas próximas gerações) contribuindo para o bem-estar futuro do próximo; e ainda, de outros que muitas vezes dão palestras servindo-se de seu próprio corpo doente e de sua própria luta para se recuperar, como exemplo para os demais.

De qualquer maneira, sejam pelas suas aptidões, necessidades, aspirações ou pela determinação de cada um, o atendimento dessa procura pelo bem-estar não é uniformemente alcançado. As tremendas desigualdades sociais e econômicas no mundo refletem esse abuso de poder, orgulho e ambição, exercido por uma minoria "privilegiada", em detrimento da maior parte da população hoje encarnada.

"O homem, instintivamente, procura o seu bem-estar".[118] Faz parte de nossa natureza procurar o bem-estar. Isso nos impulsiona, a cada dia, procurar estar em melhores condições pessoais e sociais. A aplicação das leis morais em todas as nossas atividades diárias pode contribuir significativamente para fortalecer cada um dos componentes do bem-estar humano.

Então, será que todos os seres encarnados neste planeta podem desfrutar do bem-estar humano? Os Espíritos nos ensinam[119] que "o bem-estar é relativo e todos poderiam dele gozar, se se entendessem convenientemente". A experiência e a vivência do bem-estar variam de "acordo com o contexto e a situação, refletindo fatores locais físicos, sociais e pessoais, como a geografia, o meio ambiente, a idade, o sexo e a cultura".[120] As necessidades específicas de vestuário, moradia e alimentação dependem da região geográfica e do clima. É bem diferente morar perto da linha do Equador, numa área tropical úmida, do que no alto das montanhas ou num lugar com estações bem definidas. A satisfação dos componentes do bem-estar também muda ao longo desta encarnação, em função de nossa idade (é bem diferente de quando somos crianças para quando adultos ou idosos) e denossa evolução espiritual.

---

[118] KARDEC, Allan. *O evangelho segundo o espiritismo*. cap. II, it. 6.
[119] Id., Allan. *O livro dos espíritos*. q. 812.
[120] CONSELHO DE AVALIAÇÃO ECOSSISTÊMICA DO MILÊNIO. *Ecossistemas e bem-estar humano*, p. 42.

7.4 Inteligência ecológica e livre-arbítrio

"A inteligência é um atributo essencial do Espírito".[121] O desenvolvimento da inteligência vai levando o Espírito a ter

> ... a vontade de atuar, a consciência de que existem e de que constituem uma individualidade cada um, assim como os meios de estabelecerem relações com o mundo exterior e de proverem às suas necessidades.[122]

As formas de lidar com essas relações necessárias, com o mundo exterior, para atender às nossas necessidades físicas e morais, permitem-nos desenvolver diferentes aspectos das inteligências múltiplas. Esses conceitos foram elaborados nas pesquisas do psicólogo de Harvard, Howard Gardner. Segundo ele, há oito tipos de inteligência: linguística, musical, lógico-matemática (o famoso QI), espacial, naturalista, corporal/cinestésica, intrapessoal e interpessoal. Por meio das experiências nas diferentes encarnações, vamos desenvolvendo a nossa inteligência em algumas dessas áreas.

O jornalista e também psicólogo da Universidade de Harvard, Daniel Goleman, conhecido por ter popularizado

---

[121] KARDEC, Allan. *O livro dos espíritos*. q. 24.
[122] Id. Ibid., q. 71.

a expressão inteligência emocional, ampliou o escopo de seu trabalho sobre a inteligência social e a inteligência emocional e agregou o termo inteligência ecológica para descrever a capacidade do ser humano na compreensão dos diversos tipos de interações entre si e com os ecossistemas e a capacidade de enxergar a ligação que existe entre nossas ações e seus impactos no meio ambiente, em nosso corpo e na sociedade.

A inteligência ecológica mistura essas habilidades cognitivas com a empatia por todas as formas de vida. Assim como a inteligência social e emocional baseiam-se em nossa capacidade de enxergar os fatos pela perspectiva do outro, ser solidários com o outro e mostrar nossa preocupação para com ele, a inteligência ecológica amplia essa capacidade a todos os sistemas naturais. Essa empatia ampliada se soma a uma análise racional das causas, gerando motivação para ajudar.[123]

Talvez um dos nossos objetivos primordiais nesta encarnação seja o desenvolvimento da inteligência ecológica para contribuirmos na preservação do planeta e melhorarmos o sistema social. Portanto, devemos informar-nos através de pesquisas, aprender e divulgar todos esses conhecimentos sobre o funcionamento da natureza e sobre os impactos que causam as nossas decisões relativas à aquisição de bens materiais. Enfatizando: maior conhecimento nos permite melhores escolhas. "O desenvolvimento do livre-arbítrio acompanha o da

---

[123] GOLEMAN, Daniel. *Inteligência ecológica*, p. 39.

inteligência e aumenta a responsabilidade dos atos".[124] Quanto mais conhecemos mais nos tornamos responsáveis perante as leis divinas. Essa responsabilidade é pessoal e intransferível.

O aumento da inteligência ecológica conduz ao progresso intelectual, que tem como consequência o progresso moral,[125] uma vez que dá ao ser humano a compreensão do bem e do mal para poder escolher o melhor. O desenvolvimento dessa inteligência também nos faz compreender que os bons atos diários podem ter efeitos benéficos sobre a qualidade de vida pessoal, social e dos ecossistemas dos quais dependemos; compreender que cuidando do planeta contribuímos para a sua evolução e de todos os seus moradores atuais e futuros. Essa é a visão do desenvolvimento sustentável reforçada pela visão espírita das múltiplas existências e da lei do progresso. Daí a razão para se estudar em O evangelho segundo o espiritismo a missão do homem inteligente na Terra. "Se Deus, em seus desígnios, vos fez nascer num meio onde pudestes desenvolver a vossa inteligência, é que quer autilizeis para o bem de todos".[126]

Portanto, não vamos desperdiçar a oportunidade nesta encarnação de desenvolver a nossa inteligência ecológica, usando o nosso livre-arbítrio para colocar em prática todos esses conhecimentos benéficos para a evolução de todo ser vivo do planeta,

---

[124] KARDEC, Allan. O livro dos espíritos. q. 780.
[125] Id. Ibid., q. 780.
[126] Id. O evangelho segundo o espiritismo, cap. VII, it. 13.

conhecedores que somos do efeito de nossos atos, pensamentos e decisões sobre o meio ambiente físico e espiritual.

7.5 Áreas de contribuição

Existem três áreas de atuação da Doutrina e do movimento espírita que, juntamente com outras filosofias espiritualistas e demais religiões,[127] podem contribuir para promover o interesse das pessoas nos assuntos do desenvolvimento sustentável:

a) Educação e mudança de comportamento;

b) Infraestrutura; e

c) Ativismo social

7.5.1 Educação e mudança de comportamento

A educação moral é um dos principais objetivos da Doutrina Espírita, que procura motivar a mudança de hábitos e de comportamentos dos seres humanos como consequência da compreensão das leis morais. O entendimento das leis

---

[127] GARDNER, Gary T. *Inspiring progress*, p. 72-83.

que regem as relações entre os seres humanos e entre estes e a Natureza nos guia de forma segura para acompreensão do atendimento de nossas necessidades materiais e morais. Quanto maior for o nosso conhecimento dessas leis, maior será a nossa responsabilidade no sentido de atuarmos em consonância com as mesmas. Portanto, devemos avaliar as implicações morais das nossas decisões, pois essa atitude crítica nos leva a agir de forma mais assertiva.

A determinação na busca pelo melhoramento interior conduz o ser humano a uma situação em que

> ... gozará de saúde, porque não estragará o seu corpo comos excessos. Será rico, porque rico é sempre todo aquele que sabe contentar-se com o necessário. Terá a paz do espírito, porque não sentirá necessidades fictícias...[128]

Devemos também, estudar com mais detalhe as leis de conservação e destruição apresentadas em *O livro dos espíritos* e discutir esses temas, tanto nos grupos espíritas como no recanto dos nossos lares, para entender como essas leis se aplicam em nosso dia a dia. Entender que é de nossa responsabilidade a conservação do planeta, não só nessa geração como também nas próximas e agirmos de forma consonante com esse conhecimento.

Os centros espíritas também deveriam desenvolver atividades educativas, cursos, debates, seminários, reuniões de estudo

---

[128] KARDEC, Allan. *Obras póstumas*, p. 493.

que discutam os temas socioambientais e sua relação com a Doutrina Espírita. É muito importante motivar os adeptos e simpatizantes espíritas, dando-lhes a oportunidade de participarem em atividades do tipo social humanitário, que possam sensibilizá-los sobre os problemas sociais que enfrenta a maior parte da humanidade. Essa sensibilização estimula nossa inteligência emocional e nos leva à manifestação de emoções positivas com o objetivo de melhorarmos as condições sociais, econômicas e ambientais de nosso planeta.

Essas emoções podem ser despertadas nos seres humanos mediante o uso de alguns métodos positivos:[129]

> a) *O contágio moral*: dá-se por meio de relações abertas, espontâneas, naturais e alegres, ou seja, por meio do exemplo de nosso comportamento, de nossa forma de expressão e do ambiente que criamos no relacionamento com os demais. Esse contágio estabelece-se de pessoa a pessoa, de coração a coração, pela atenção dada e pelo tempo dedicado ao crescimento desse relacionamento. Outra maneira de se estabelecer esse contágio é por meio de livros e filmes, pelo contato com a biografia de personagens cuja vida serve de modelo e exemplo a ser seguido pela retidão de seus atos e pela vivência nos princípios morais e éticos;

---

[129] INCONTRI, Dora. *A educação segundo o espiritismo*, p. 157-159.

b) *A prática moral:* é a melhor forma de aprender e desenvolver as virtudes. Daí a importância dos trabalhos de assistência social nos centros espíritas, pois oferecem aos trabalhadores a oportunidade de colaborar e participar nesses tipos de atividades que estimulam o sentimento de fraternidade, de humildade e de gratidão por tudo e por todos; e

c) *O diálogo:* brota de uma relação de confiança entre dois seres. Pode surgir por afinidade vibratória de vidas passadas ou como resultado de uma convivência agradável e enriquecedora entre ambos.

Esses métodos positivos ajudam-nos no processo de autoeducação, bem como da educação dos outros seres humanos que compartilham o seu tempo e espaço conosco.

"Numa educação com espiritualidade, a ênfase deve ser dada na vivência ética".[130] Se quisermos promover o despertar de sentimentos no próximo para uma visão mais espiritual da vida, "não podemos descurar da racionalidade que vai cercar esse sentimento de criticidade, de lucidez e conhecimento".[131] É o uso da razão lado a lado com o coração. O equilíbrio entre essas duas forças nos permite

---

[130] INCONTRI, Dora. *Educação e espiritualidade*, p. 86.
[131] Id. Ibid., p. 87.

entender melhor nosso próximo e, consequentemente, estabelecer melhores relacionamentos sociais.

> O bem-estar das populações humanas no presente e no futuro depende de modos de vida ecologicamente sustentáveis e socialmente equânimes do mundo.[132]

O professor da Universidade de Brasília, Genebaldo Freire Dias, Ph. D. em Ecologia, hoje o autor mais citado na área de educação ambiental, conclui que

> o maior desafio para a sustentabilidade humana na Terra é a prática da ética e dos valores humanos. Não há a menor possibilidade de desenvolvimento de sociedades sustentáveis, sem assumirmos a nossa evolução espiritual. A solução para a maioria de nossos problemas e desafios requerem, antes de tudo, ferramentas espirituais.[133]

A Doutrina Espírita é uma das doutrinas que nos brinda com essas ferramentas, tão necessárias na construção de um *mundo sustentável*, porque seus ensinamentos básicos e fundamentais podem ser considerados como princípios de sustentabilidade, uma vez que visam atender às necessidades da geração presente, considerando o impacto nas gerações futuras neste planeta.

---

[132] CONSELHO DE AVALIAÇÃO ECOSSISTÊMICA DO MILÊNIO. *Ecossistemas e bem-estar humano*, p. 146.

[133] DIAS, Genebaldo F. *40 contribuições pessoais para a sustentabilidade*, p. 40.

7.5.2 Princípios de sustentabilidade na Doutrina Espírita

a) Amar ao próximo como a si mesmo;

b) "Amai-vos, eis o primeiro ensinamento; instruí-vos, eis o segundo";

c) Lei de causa e efeito;

d) Lei da reencarnação;

e) Cuidar do corpo e do Espírito;

f) "O verdadeiro homem de bem é aquele que pratica a lei de justiça, amor e caridade";

g) Usar, mas não abusar dos bens que lhe são concedidos;

h) A Terra é uma moradia temporária entre os infinitos mundos habitados do universo;

i) A responsabilidade individual pelas consequências de seus atos;

j) A fraternidade universal;

k) Fazer ao outro o que gostaríamos que fizessem conosco;

l) A justiça consiste no respeito aos direitos de cada um.

7.5.3 Infraestrutura

No Brasil, devem existir aproximadamente quinze mil centros espíritas. Alguns deles têm ou mantêm creches, hospitais, asilos, escolas e orfanatos. Devemos trabalhar para que essas instituições produzam, em suas operações diárias, o menor impacto ambiental possível, fazendo com que elas sirvam de modelo para outras instituições, bem como para seus trabalhadores.

Algumas ações que devemos promover como exemplos práticos de aplicação da lei de conservação dentro das instituições espíritas:

a) a implementação de programas de reciclagem. Contribuir para a redução do volume gerado de lixo além de gerar alguma renda para a instituição;

b) uso de papel reciclado: tanto pelas editoras espíritas, na publicação dos livros espíritas, quanto pelos centros espíritas em suas publicações periódicas, de preferência usando ambas as faces da folha;

c) fazer auditorias do uso de energia para que se possa elaborar planos de redução e otimização do consumo. Ou seja, elaborar um conjunto de medidas que promovam o uso racional de energia com o fim de evitar o desperdício. Um exemplo dessas medidas é a instalação de lâmpadas mais eficientes educando os frequentadores para desligá-las quando não estão sendo usadas.

d) verificar o uso da água dentro das instalações de todos os grupos espíritas para evitar o desperdício desse recurso natural, vital para a nossa sobrevivência.

7.5.4 Ativismo social

Como movimento espírita organizado, devemos nos manifestar publicamente sobre nossa preocupação com o estado atual do planeta e das injustiças sociais. Podemos fazê-lo por meio de cartas aos editores dos jornais e revistas, ou com publicação de manifestos à opinião pública ou ainda por cartas e mensagens aos políticos que nos representam nesses temas, para que eles possam ser discutidos nas prefeituras, na Câmara, no Senado e demais organismos governamentais. Devemos divulgar o ponto de vista da Doutrina Espírita com relação às questões da sustentabilidade, pois nós, os espíritas, somos um setor representativo dentro da sociedade brasileira e podemos contribuir no debate desses temas cruciais para o futuro de nossa sociedade e do meio ambiente. "A Doutrina Espírita não se limita a preparar o homem para o futuro, forma-o também para o presente, para a sociedade".[134]

---

[134] KARDEC, Allan. *Obras póstumas*, p. 498.

Do ponto de vista da história das culturas, a religião, juntamente com o governo, os negócios e a educação são as maiores forças de mudança social. Do ponto de vista psicológico, a religião também é considerada uma das quatro fontes de mudança do comportamento individual. Por isso, considerando a Doutrina Espírita pela ótica religiosa ou não, ela tem a força dos princípios morais que provoca a transformação moral do indivíduo e contribui para a transformação da sociedade.

O Espiritismo está apto a secundar o movimento de desenvolvimento sustentável por:

    a) Seu poder moralizador;

    b) Suas tendências progressistas;

    c) Amplitude de suas vistas; e

    d) Generalidade das questões que abrange.[135]

Ações práticas sugeridas

    a) Estudar as obras de Allan Kardec;

    b) Promover o estudo e o debate das leis morais no centro espírita;

---

[135] KARDEC, Allan. *A gênese.* cap. XVIII, it.25.

c) Ser mais assertivo;

d) Trabalhar diariamente para sua reforma íntima;

e) Participar do trabalho social do centro espírita ou de qualquer outra instituição;

f) Ler sobre a vida dos grandes vultos da humanidade;

g) Dialogar bastante e abertamente;

h) Cobrar dos políticos as ações prometidas; e

i) Estudar sobre os serviços dos ecossistemas.

Questões para a discussão e reflexão

a) Quais são os meus objetivos nesta encarnação?

b) Qual é minha relação com a natureza?

c) Como as leis morais podem contribuir para implementar o modelo de desenvolvimento sustentável?

d) Como reduzir a minha contribuição à extinção das espécies?

e) Quais são os meus preconceitos?

f) O que é a justiça social?

g) O que posso fazer para que as atividades do centro espírita sejam mais sustentáveis?

h) Quais são os serviços dos ecossistemas?

i) Como estou atendendo os componentes do bem-estar humano?

j) Como estou desenvolvendo a minha inteligência ecológica?

7.5.4.1 Trinta e duas atitudes pessoais para a sustentabilidade

"Sejamos nós a mudança que nós queremos para o mundo."
(Gandhi)

1. Invista no seu desenvolvimento espiritual.

2. Vote com consciência.

3. Faça o seu planejamento familiar.

4. Leve uma vida mais simples.

5. Contribua para melhorar a educação ambiental na sua comunidade.

6. Prefira usar o transporte público.

7. Medite.

8. Dedique tempo para seu autoconhecimento.

9. Reduza o tamanho da sua pegada ecológica.

10. Denuncie os crimes ambientais.

11. Mantenha-se informado sobre as questões da sustentabilidade.

12. Participe ativamente numa organização dedicada à sustentabilidade.

13. Reduza a geração de resíduos.

14. Elimine o consumismo da sua vida.

15. Desligue os eletrodomésticos que não estiver usando.

16. Faça uso eficiente da água.

17. Seja crítico com os anúncios publicitários.

18. Seja ético em suas decisões e escolhas.

19. Ame ao próximo.

20. Cuide bem de seus pertences para que durem muito.

21. Participe dos programas de reciclagem de materiais.

22. Compartilhe mais tempo com seus filhos e familiares.

23. Admire a natureza.

24. Pratique a gratidão.

25. Perdoe ao próximo e a si mesmo.

26. Procure ser justo em suas decisões e escolhas.

27. Tome consciência de que a responsabilidade é pessoal e intransferível.

28. Procure o seu bem-estar bem como o dos outros.

29. Respeite os ciclos da natureza.

30. Valorize a biodiversidade.

31. Respeite as diferenças culturais.

32. Seja parte da solução e não do problema.

8
CONCLUSÕES

Como vimos, a Doutrina Espírita, por meio de seus fundamentos pode, definitivamente, desempenhar um papel importante na contribuição da implementação do modelo de desenvolvimento sustentável no nosso planeta. O estudo e a aplicação dos ensinamentos das leis morais, das leis universais e de conceitos-chaves, como o uso dos bens materiais e o discernimento sobre a diferença entre o necessário e o supérfluo, corroboram com os pilares do modelo de desenvolvimento sustentável e, portanto, fazem da Doutrina Espírita uma grande aliada na fundamentação da educação moral que facilita a implementação desse modelo.

A lei da reencarnação permite entender, do ponto de vista espiritual, a importância do compromisso entre gerações, quanto à disponibilidade de acesso aos recursos naturais, para satisfazer as necessidades básicas das futuras gerações. Esse princípio complementa-se com a lei de causa e efeito: o amanhã é o reflexo do hoje. Logo, vamos receber este planeta amanhã, em futuras encarnações, de acordo com nossa forma de agir hoje. Esse raciocínio lógico impõe responsabilidade e exige *atitude*! Agir com cidadania, com ética, com amor, pela humanidade e por nós mesmos, fazendo nossa lição de casa com a paz da consciência tranquila pelo dever cumprido. Cumprir nosso dever para com nossa casa maior, para com nossa mãe Terra! Atitude essa que complementa os objetivos do modelo de desenvolvimento sustentável: a procura por mais ações de *amor* pela natureza, por nossos irmãos encarnados e por aqueles que ainda irão reencarnar nas próximas gerações.

Devemos, portanto, seguir o ensinamento de Jesus de fazer ao outro o que gostaríamos que ele nos fizesse. Retribuir ao planeta o que dele recebemos diariamente: calor, acolhida, oportunidade de aprendizagem, de progresso. Essa visão de mundo implica responsabilidade, comprometimento e modificações em nossa conduta e ações no presente. A nossa perspectiva do mundo muda quando pensamos e avaliamos, com o sentimento e a certeza de que as consequências das nossas escolhas para esta e futuras existências nesse planeta vão, de fato, recair sobre nós mesmos. O resultado dessa certeza cria o sentimento de urgência, de que precisamos agir

Conclusões

agora e agir rapidamente na divulgação destas ideias para mudarmos o paradigma atual.

Como mínimo, podemos ajudar nessa mudança global com uma atitude pessoal de nos afastarmos do consumismo. Devemos nos educar para um estilo de vida mais simples bem como educar e motivar nosso próximo para seguir esse modelo de vida.

Nossa geração tem a capacidade e os recursos tecnológicos e financeiros para acabar com a miséria e a pobreza. Nós podemos solucionar esse impasse entre o crescimento econômico e a sustentabilidade ambiental. Temos a oportunidade de virar o jogo e cooperar para deixarmos o planeta em condições sustentáveis para as futuras gerações. O conhecimento traz a responsabilidade da ação. Uma ação consistente, com integridade, com relação ao que acreditamos ser o correto a fazer e o que de fato fazemos em nosso dia a dia. Devemos ouvir a nossa consciência.

O que nos falta, muitas vezes, é a convicção de que agir para preservarmos o nosso planeta e promovermos uma sociedade mais justa é um dever moral. O que nos falta é a ação determinada nessa direção. Não podemos deixar essas decisões para a próxima geração e tampouco postergá-las em face da fragilidade do planeta. Quanto mais protelamos, mais difíceis se tornam as condições para recuperá-lo. Não vamos incorrer em erros que provavelmente já cometemos nas encarnações passadas.

O antes pode ser justificado pela falta de conhecimento, mas o agora, não! E nunca é demais lembrar: o hoje é o reflexo do ontem e o amanhã será o resultado do agora. Vamos agir. Vamos deixar um mundo melhor para nossos filhos. Vamos garantir melhores condições ambientais e sociais para as gerações futuras, para nós mesmos. Vamos nos unir nessa causa. É a nossa causa. É a lei de ação e reação, do amor ao próximo como a nós mesmos. Assumamos esse compromisso conosco, com o próximo e com este belo planeta azul. Que o nosso sentido de dever nos faça agir *agora*!

Contato com o autor pelo e-mail:
cvillarraga59@hotmail.com

REFERÊNCIAS

ANDERSON, Ray. *Mid-course correction*. Atlanta: The Peregrinzilla Press, 1998.

BOFF, Leonardo. *Sustentabilidade*: O que é – O que não é. Petrópolis, RJ: Vozes, 2012.

BROWN, Lester; GARDNER, Gary; HALWEIL, Brian. *Beyond Malthus*: sixteen dimensions of the population problem. Washington: Worldwatch Institute, 1998.

BROWN, Lester et al. *State of the world 1999*. Worldwatch Institute. New York: W. W. Norton & Company, 1999.

BROWN, Lester et al. *State of the world 2000*. Worldwatch Institute. New York: W. W. Norton & Company, 2000.

CAPRA, Fritjof. *Alfabetização ecológica*: a educação das crianças para um mundo sustentável. São Paulo: Cultrix, 2006.

_____. *As conexões ocultas*: ciência para uma vida sustentável. São Paulo: Cultrix, 2002.

COMISSÃO MUNDIAL SOBRE MEIO AMBIENTE E DESENVOLVIMENTO. *Nosso futuro comum*. Rio de Janeiro: Fundação Getulio Vargas, 1991.

CONSELHO DE AVALIAÇÃO ECOSSISTÊMICA DO MILÊNIO. *Ecossistemas e bem-estar humano*: estrutura para uma avaliação. São Paulo: SENAC, 2005.

DIAS, Genebaldo Freire. *40 contribuições pessoais para a sustentabilidade*. São Paulo: Gaia, 2004.

EASTERBROOK, Gregg. *The progress paradox*: how life gets better while people feel worse. New York: Random House, 2003.

FAO. *The state of food insecurity in the world 2010*. Addressing food insecurity in protracted crises. Office of Knowledge Exchange, Research and Extension. *Rome, Italy*.

_____. *The spectrum of malnutrition*. Food and Nutrition Divison. Rome, Italy.

Referências

FRANCO, Divaldo Pereira. *Atualidade do pensamento espírita*. Salvador, BA: LEAL, 1998.

FRIEDMAN, Thomas. *Hot, flat and crowded*: why the world needs a green revolution and how we can renew our global future. London: Penguim Books, 2008.

GARDNER, Gary. *Inspiring progress*: religions' contribution to sustainable development. New York: W. W. Norton, 2006.

GOLEMAN, Daniel. *Inteligência ecológica*: o impacto do que consumimos e as mudanças que podem melhorar o planeta. Rio de Janeiro: Elsevier, 2009.

GOSWANI, Amit. *O ativista quântico*: princípios da física quântica para mudar o mundo e a nós mesmos. São Paulo: Aleph, 2010.

GOUDIE, Andrew. *The human impact on the natural environment*. 4. ed. Cambridge: MIT Press, 1994

HAWKEN, Paul. *The ecology of commerce*: A declaration of sustainability. New York: Harper Business. 1994.

HAWKEN, Paul; LOVINS, Amory; LOVINS, Hunter. *Natural capitalism: creating the next industrial revolution*. New York: Little, Brown and Company, 1999.

INSTITUTO BRASILEIRO DE GEOGRAFIA E ESTATÍSTICA. *Indicadores de desenvolvimento sustentável*: Brasil, 2004. Rio de Janeiro, 2004

INCONTRI, Dora. *A educação segundo o espiritismo*. Bragança Paulista, SP: Comenius, 2003.

_____. (Org.). *Educação e espiritualidade*: Interfaces e Perspectivas. Bragança Paulista: Editora Comenius, 2010.

KARDEC, Allan. *O livro dos espíritos*. 92. ed. Rio de Janeiro: FEB, 2011.

_____. *O evangelho segundo o espiritismo*. 130. ed. Rio de Janeiro: FEB, 2012.

_____. *A gênese*: os milagres e as predições segundo o espiritismo. Rio de Janeiro: FEB, 2009.

_____. *Obras póstumas*. Rio de Janeiro: FEB, 2009.

LEONARD, Annie. *La historia de las cosas*: de cómo nuestra obsesión por las cosas está destruyendo el planeta, nuestras comunidades y nuestra salud. Y una visión del cambio. Buenos Aires: Fondo de Cultura Económica, 2010.

LINDSTROM, Martin. *A lógica do consumo*: verdades e mentiras sobre por que compramos. Rio de Janeiro: Nova Fronteira, 2009.

Referências

MILLENIUM Ecosystems Assessment, 2005. *Ecosystems and human well-being*. Synthesis. Island Press, Washington, D.C.

POSTEL, Sandra. *Pillar of sand*: can the irrigation miracle last? New York: W. W. Norton & Company, 1999.

ROBERT, Karl-Henrik. *The natural step*: a framework for achieving sustainability in our organizations. Cambridge: Pegasus Communications, 1997.

SACHS, Jeffrey. *A riqueza de todos*: a construção de uma economia sustentável em um planeta superpovoado, poluído e pobre. Rio de Janeiro: Nova Fronteira, 2008.

SENGE, Peter. *A revolução decisiva*: como indivíduos e organizações trabalham em parceria para criar um mundo sustentável. Rio de Janeiro: Elsevier, 2009.

STERN, Nicholas. *O caminho para um mundo mais sustentável*. Rio de Janeiro: Elsevier, 2010.

TRIGUEIRO, André. *Espiritismo e ecologia*. Brasília: Federação Espírita Brasileira, 2009.

_____. *Mundo sustentável*: abrindo espaço na mídia para um planeta em transformação. São Paulo: Globo, 2005.

_____. *Mundo sustentável 2*: novos rumos para um planeta em crise. São Paulo: Globo, 2012.

VILLARRAGA, Carlos Orlando. *A justiça social*: uma visão espírita para a ação social. Araguari, MG: Minas Editora, 2011.

_____. *Planeta vida*: contribuição da Doutrina Espírita à conservação do meio ambiente físico e espiritual do planeta Terra. Araguari, MG: Minas Editora, 2004.

WACKERNAGEL, Mathis; REES, William. *Our ecological footprint*: reducing human impact on the Earth. Gabriola Island: New Society Publishers, 1996.

WALDMAN, Maurício. *Lixo*: cenários e desafios. São Paulo: Cortez, 2010.

WANN, David. *Simple prosperity*: finding real wealth in a sustainable lifestyle. New York: St. Martin's Griffin, 2007.

WILSON, Edward. *The diversity of life*. New York: W. W. Norton & Company, 1992.

Referências

WORLD HEALTH ORGANIZATION. *10 facts about water scarcity*. March 2009.

XAVIER, Francisco Cândido. *O consolador*. 28. ed. Rio de Janeiro: FEB, 2010.

ESPIRITISMO E DESENVOLVIMENTO SUSTENTÁVEL				
EDIÇÃO	IMPRESSÃO	ANO	TIRAGEM	FORMATO
1	1	2013	3.000	14x21
1	POD*	2021	POD	14x21
1	IPT**	2022	80	14x21
1	IPT	2023	50	14x21
1	IPT	2024	80	14x21
1	IPT	2024	80	14x21

*Impressão por demanda
**Impressão pequenas tiragens

O QUE É ESPIRITISMO?

O Espiritismo é um conjunto de princípios e leis revelados por Espíritos Superiores ao educador francês Allan Kardec, que compilou o material em cinco obras que ficariam conhecidas posteriormente como a Codificação: *O livro dos espíritos*, *O livro dos médiuns*, *O evangelho segundo o espiritismo*, *O céu e o inferno* e *A gênese*.

Como uma nova ciência, o Espiritismo veio apresentar à Humanidade, com provas indiscutíveis, a existência e a natureza do Mundo Espiritual, além de suas relações com o mundo físico. A partir dessas evidências, o Mundo Espiritual deixa de ser algo sobrenatural e passa a ser considerado como inesgotável força da Natureza, fonte viva de inúmeros fenômenos até hoje incompreendidos e, por esse motivo, são tidos como fantasiosos e extraordinários.

Jesus Cristo ressaltou a relação entre homem e Espírito por várias vezes durante sua jornada na Terra, e talvez alguns de seus ensinamentos pareçam incompreensíveis ou sejam erroneamente interpretados por não se perceber essa associação. O Espiritismo surge então como uma chave, que esclarece e explica as palavras do Mestre.

A Doutrina Espírita revela novos e profundos conceitos sobre Deus, o Universo, a Humanidade, os Espíritos e as leis que regem a vida. Ela merece ser estudada, analisada e praticada todos os dias de nossa existência, pois o seu valioso conteúdo servirá de grande impulso à nossa evolução.

O EVANGELHO NO LAR

Quando o ensinamento do Mestre vibra entre quatro paredes de um templo doméstico, os pequeninos sacrifícios tecem a felicidade comum.[1]

Quando entendemos a importância do estudo do Evangelho de Jesus, como diretriz ao aprimoramento moral, compreendemos que o primeiro local para esse estudo e vivência de seus ensinos é o próprio lar.

É no reduto doméstico, assim como fazia Jesus, no lar que o acolhia, a casa de Pedro, que as primeiras lições do Evangelho devem ser lidas, sentidas e vivenciadas.

O espírita compreende que sua missão no mundo principia no reduto doméstico, em sua casa, por meio do estudo do Evangelho de Jesus no Lar.

Então, como fazer?

Converse com todos que residem com você sobre a importância desse estudo, para que, em família, possam compreender melhor os ensinamentos cristãos, a partir de um momento de união fraterna, que se desenvolverá de maneira harmônica e respeitosa. Explique que as reflexões conjuntas acerca do Evangelho permitirão manter o ambiente da casa espiritualmente saneado, por meio de sentimentos e pensamentos elevados, favorecendo a presença e a influência de Mensageiros do Bem; explique, também, que esse momento facilitará, em sua residência, a recepção do amparo espiritual, já que auxilia na manutenção de elevado padrão vibratório no ambiente e em cada um que ali vive.

Convide sua família, quem mora com você, para participar. Se mora sozinho, defina para você esse momento precioso de estudo e reflexões. Lembre-se de que, espiritualmente, sempre estamos acompanhados.

Escolha, na semana, um dia e horário em que todos possam estar presentes.

O tempo médio para a realização do Evangelho no Lar costuma ser de trinta minutos.

---

[1] XAVIER, Francisco Cândido. Luz no lar. Por Espíritos diversos. 12. ed., 7. imp. Brasília: FEB, 2018. Cap. 1.

As crianças são bem-vindas e, se houver visitantes em casa, eles também podem ser convidados a participar. Se não forem espíritas, apenas explique a eles a finalidade e importância daquele momento.

O seguinte roteiro pode ser utilizado como sugestão:

1. Preparação: Leitura de mensagem breve, sem comentários;
2. Início: Prece simples e espontânea;
3. Leitura: O evangelho segundo o espiritismo (um ou dois itens, por estudo, desde o prefácio);
4. Comentários: breves, com a participação dos presentes, evidenciando o ensino moral aplicado às situações do dia a dia;
5. Vibrações: pela fraternidade, paz e pelo equilíbrio entre os povos; pelos governantes; pela vivência do Evangelho de Jesus em todos os lares; pelo próprio lar...
6. Pedidos: por amigos, parentes, pessoas que estão necessitando de ajuda...
7. Encerramento: prece simples, sincera, agradecendo a Deus, a Jesus, aos amigos espirituais.

As seguintes obras podem ser utilizadas nesse momento tão especial:

- O evangelho segundo o espiritismo, como obra básica;
- Caminho, verdade e vida; Pão nosso; Vinha de luz; Fonte viva; Agenda cristã.

Esse momento no lar não se trata de reunião mediúnica e, portanto, qualquer ideia advinda pela via da intuição deve permanecer como comentário geral, a ser dito de maneira simples, no momento oportuno.

No estudo do Evangelho de Jesus no Lar, a fé e a perseverança são diretrizes ao aprimoramento moral de todos os envolvidos.

FEB editora
Livro espírita para um novo mundo
www.febeditora.com.br
@febeditoraoficial
@febeditora

Conselho Editorial:
Carlos Roberto Campetti
Cirne Ferreira de Araújo
Evandro Noleto Bezerra
Geraldo Campetti Sobrinho – Coord. Editorial
Jorge Godinho Barreto Nery – Presidente
Maria de Lourdes Pereira de Oliveira
Miriam Lúcia Herrera Masotti Dusi

Produção Editorial:
Elizabete de Jesus Moreira

Revisão:
Davi Miranda
Jorge Leite
Renata Alvetti

Capa, Projeto Gráfico e Diagramação:
Luisa Jannuzzi Fonseca

Foto de Capa:
www.shutterstock.com/OSalenko

Normalização Técnica:
Biblioteca de Obras Raras e Documentos Patrimoniais do Livro

Esta edição foi impressa no sistema de Impressão pequenas tiragens, todos em formato fechado de 140 x 210 mm e com mancha de 100 x 155 mm. Os papéis utilizados foram o Off white 80 g/m² para o miolo e o Cartão 250 g/m² para a capa. O texto principal foi composto em fonte Goudy Old Style 12/16 e os títulos em Zurich Condensed BT 20/28. Impresso no Brasil. *Presita en Brazilo.*